对外汉语本科系列教材
语言知识类(三年级)

汉语词汇教程

万艺玲 著

北京语言大学出版社
BEIJING LANGUAGE AND CULTURE UNIVERSITY PRESS

图书在版编目（CIP）数据

汉语词汇教程 / 万艺玲著. —北京：北京语言大学出版社，2000.7（2025. 3 重印）
对外汉语本科系列教材. 语言知识类
ISBN 978-7-5619-0865-5

Ⅰ. ①汉…　Ⅱ. ①万…　Ⅲ. ①对外汉语教学-词汇-教材　Ⅳ. ①H195.4

中国版本图书馆 CIP 数据核字（2000）第 08984 号

汉语词汇教程

HANYU CIHUI JIAOCHENG

责任编辑：梁　莹　张　建
责任印制：周　燚

出版发行：北京语言大学出版社
社　　址：北京市海淀区学院路 15 号，100083
网　　址：www.blcup.com
电子信箱：service@blcup.com
电　　话：编 辑 部　8610-82303647 / 3592 / 3724
　　　　　国内发行　8610-82303650 / 3591 / 3648
　　　　　海外发行　8610-82303365 / 3080 / 3668
　　　　　北语书店　8610-82303653
　　　　　网购咨询　8610-82303908
印　　刷：河北赛文印刷有限公司

版　　次：2000 年 7 月第 1 版　　版　　次：2025 年 3 月第 14 次印刷
开　　本：787 毫米×1092 毫米　1/16　　印　　张：12.75
字　　数：169 千字
定　　价：49.00 元

PRINTED IN CHINA
凡有印装质量问题，本社负责调换。售后 QQ 号 1367565611，电话 010-82303590

序

李　杨

教材是教育思想和教学原则、要求、方法的物化，是教师将知识传授给学生，培养学生能力的重要中介物。它不仅是学生学习的依据，也体现了对教师进行教学工作的基本规范。一部优秀的教材往往凝结着几代人的教学经验及理论探索。认真编写教材，不断创新，一直是我们北京语言大学的一项重点工作。对外汉语本科教育，从 1975 年在北京语言学院(北京语言大学的前身)试办现代汉语专业(今汉语言专业)算起，走过了二十多年的行程。如今教学规模扩大，课程设置、学科建设都有了明显发展。在总体设计下，编一套包括四个年级几十门课程的系列教材的条件业已成熟。进入 90 年代，我们开始了这套教材的基本建设。

北京语言大学留学生本科教育，分为汉语言专业(包括该专业的经贸方向)和中国语言文化专业。教学总目标是培养留学生熟练运用汉语的能力，具备扎实的汉语基础知识、一定的专业理论与基本的中国人文知识，造就熟悉中国国情文化背景的应用型汉语人才。为了实现这个目标，学生从汉语零起点开始到大学毕业，要经过四年八个学期近 3000 学时的学习，要修几十门课程。这些课程大体上分为语言课，即汉语言技能(语言能力、语言交际能力)课、汉语言知识课，以及其他中国人文知识课(另外适当开设体育课、计算机课、第二外语课)。为留学生开设的汉语课属于第二语言教学性质，它在整个课程体系中处于核心地位。教学经验证明，专项技能训练容易使某个方面的能力迅速得到强化；而由于语言运用的多样性、综合性的要求，必须进行综合性的训练才能培养具有实际意义的语言能力。因此在语言技能课中，我们走的是综合课与专项技能课相结合的路子。作为必修课的综合课从一年级开到四年级。专项技能课每学年均分别开设，并注意衔接和加深。同时，根据汉语基本要素及应用规律，系统开设汉语言本体理论知识课程。根据中国其他人文学科如政治、经济、历史、文化、文学、哲学等基础知识，从基本要求出发，逐步开设文化理论知识课程。专业及专业方向从三年级开始划分。其课程体系大致是：

一年级

汉 语 综 合 课：初级汉语

汉语专项技能课：听力课、读写课、口语课、视听课、写作课

二年级

汉 语 综 合 课：中级汉语

汉语专项技能课：听力口语、阅读、写作、翻译、报刊语言基础、新闻听力

汉 语 知 识 课：现代汉语语音、汉字

文 化 知 识 课：中国地理、中国近现代史

三年级

汉 语 综 合 课：高级汉语（汉语言专业）
中国社会概览（中国语言文化专业）

汉语专项技能课：高级口语、写作、翻译、报刊阅读、古代汉语；经贸口语、经贸写作（经贸方向）

汉 语 知 识 课：现代汉语词汇

文 化 知 识 课：中国文化史、中国哲学史、中国古代史、中国现代文学史；中国国情、中国民俗、中国艺术史（中国语言文化专业）；当代中国经济（经贸方向）

四年级

汉 语 综 合 课：高级汉语（汉语言专业）
中国社会概览（中国语言文化专业）

汉语专项技能课：当代中国话题、汉语古籍选读、翻译；
高级商贸口语（经贸方向）

汉 语 知 识 课：现代汉语语法、修辞

文 化 知 识 课：中国古代文学史；中国对外经济贸易、中国涉外经济法规（经贸方向）；儒道佛研究、中国戏曲、中国古代小说史、中外文化交流（中国语言文化专业）

这套总数为50余部的系列教材完全是为上述课程设置而配备的，除两部高级汉语教材是由原教材修订并入本系列外，绝大部分都是新编写的。

这是一套跨世纪的新教材，它的真正价值属于21世纪。其特点是：

1. 系统性强。对外汉语本科专业、年级、课程、教材之间是一个具有严密科学性的系统，如图（见下页）：

整套教材是在系统教学设计的指导下完成的，每部教材都有其准确的定性与定位。除了学院和系总体设计之外，为子系统目标的实现，一年级的汉语教科书（10部）和二、三、四年级的中国文化教科书（18部）均设有专门的专家编委会，负责制定本系列教材的编写原则、方法，并为每一部教材的质量负责。

2. 有新意。一部教材是否有新意、有突破，关键在于它对本学科理论和本课程教学有无深入的甚至是独到的见解。这次编写的整套教材，对几个大的子

系列和每一部教材都进行了反复论证。从教学实际出发，对原有教材的优点和缺点从理论上进行总结分析，根据国内外语言学、语言教学和语言习得理论以及中国文化诸学科研究的新成果，提出新思路，制定新框架。这样就使每一个子系列内部的所有编写者在知识与能力、语言与文化、实用性与学术性等主要问题上取得共识。重新编写的几十部教材，均有所进步，其中不少已成为具有换代意义的新教材。

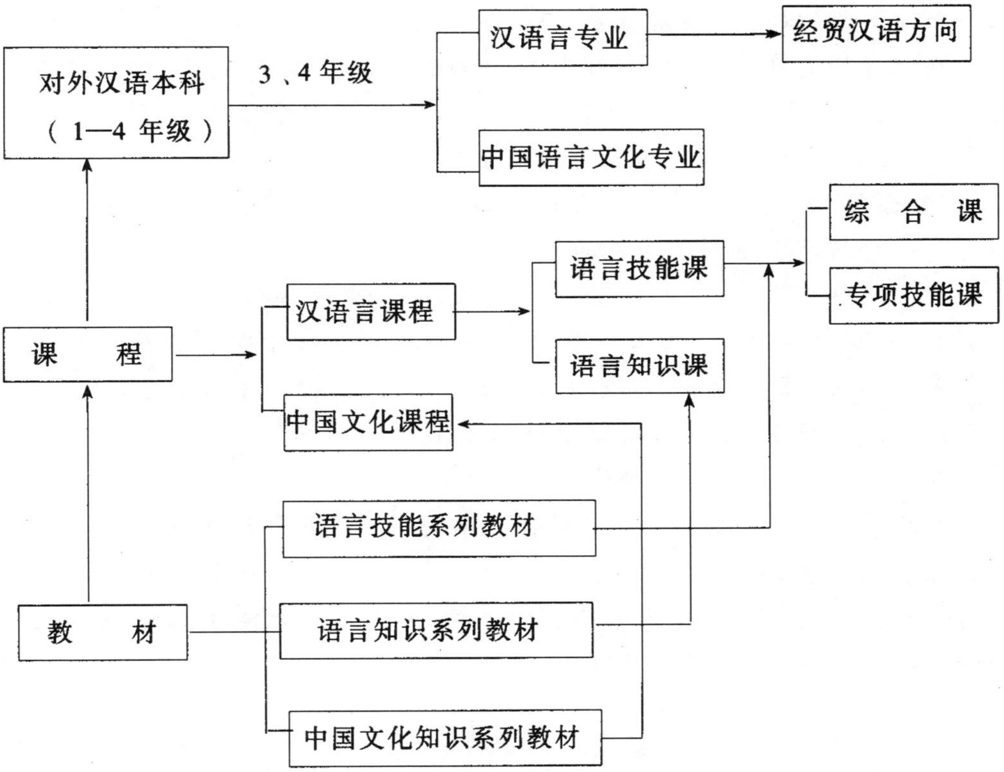

3. 有明确的量化标准。在这套教材编写前和进行过程中，初、中、高对外汉语教学的语音、词汇、语法、功能、测试大纲及语言技能等级标准陆续编成，如《中高级对外汉语教学等级大纲》(1995 年，孙瑞珍等)、《初级对外汉语教学等级大纲》(1997 年，杨寄洲等)。一年级全部教材都是在这些大纲的监控下编写的，二、三、四年级汉语教材也都自觉接受大纲的约束，在编写过程中不断以大纲检查所使用的语料是否符合标准，是否在合理的浮动范围内。中国文化教材中的词汇也参照大纲进行控制，语言难度基本上和本年级汉语教材相当，使学生能够在略查辞典的情况下自学。这样就使这套教材在科学性上前进了一步。

4. 生动性与学术性相结合。本科留学生是成年人，至少具有高中毕业的文化水平，他们所不懂的仅仅是作为外语的汉语而已。因此教材必须适合成年人的需要并具有相当的文化品位。我们在编写各种汉语教材时，尽可能采用那些能反映当代中国社会和中国人的生活、心态的语料和文章，使学生能够及时了解中国社会生活及其发展变化，学到鲜活的语言。一些入选的经典作品也在编排练习时注意着重学习那些至今依然富有生命力的语言，使教材生动、有趣味、有相对的稳定性。教材的学术性一方面表现为教材内容的准确和编排设计的科学，更重要的是，课程本身应当能够及时反映出本学科的新水平和新进展。这些都成为整套教材编写的基本要求之一。文化类教材，编写之初编委会就提出，要坚持"基础性（主要进行有关学科的基础知识和基本理论教育，不追求内容的高深）、共识性（内容与观点在学术界得到公认或大多数人有共识，一般不介绍个别学者的看法）、全貌性（比较完整与系统地介绍本学科面貌，可以多编少讲）、实用性（便于学生学习，有利于掌握基本知识与理论，并有助于汉语水平的提高）"，强调"要能反映本学科的学术水平"，要求将"学术品位和内容的基础性、语言的通俗性结合起来"。作者在编写过程中遵循了这些原则，每部教材都能在共同描绘的蓝图里创造独特的光彩。

为了方便起见，整套教材分为一、二、三、四年级汉语语言教材、汉语理论与知识教材、中国文化教材、经贸汉语教材五个系列陆续出版。这套系列教材由于课程覆盖面大，层次感强，其他类型的教学如汉语短期教学、进修教学、预备教学可在相近的程度、相同的课型中选用本教材。自学汉语的学生亦可根据自己的需要，选择不同门类的教材使用。

教材的科学更新与发展，是不断强化教学机制、提高教学质量的根本。北京语言大学汉语学院集近百位教师的经验、智慧与汗水，编就这套新的大型系列教材。相信它问世以后，将会在教学实践中多方面地接受教师与学生的检验，并会不断地融进使用者的新思路，使之更臻完善。

序　言

我们终于能公开出版一部供留学生使用的、内容较充实的、注重实用的现代汉语词汇教材了，这就是万艺玲的这本《汉语词汇教程》。

从五十年代周祖谟等先辈撰写的现代汉语词汇专著算起，四十多年来概论性的现代汉语词汇著作出版了不少，它们从不同的方面，在不同问题上推进了现代汉语词汇的研究。大学中也有现代汉语词汇的专题课，但专门为留学生开设“现代汉语词汇”课程，并编写专用教材的则不多见。万艺玲在北大中文系读硕士学位时参加了这方面的教学工作，在北京语言大学又单独开设这方面的课程，讲授多年，积累了较多的教学经验。她根据需要，安排了几个教学重点，形成了这个教材的“概论”、“词形和词义”、“词和词的关系”、“熟语”、“词汇与文化”五个部分，每部分再分章节。又着重引导学生学以致用，编排了相当丰富的练习。练习中有帮助学生理解讲授内容的、有帮助学生理解语词意义的、有引导学生掌握分析方法的、有帮助学生丰富词汇的、有启发学生选用恰当语词的，等等。我觉得这表示现代汉语词汇的教学，特别是对留学生的教学取得了明显的进步。

我希望能有多种这方面的教材出版，大家在实践中通过总结、比较、补充、挑选，一定会使教材的质量不断提高，更好地满足越来越兴旺的对外汉语教学的需要。

符淮青

2000.2.20 于北京大学

前　言

《汉语词汇教程》是对外汉语本科系列教材之一，可作为外国学生学习现代汉语词汇知识的课本，也可作为了解现代汉语词汇概貌的读物，对中国学生了解现代汉语也有一定的参考价值。

本书以现代汉语为立足点和出发点，在书中如不作特别说明，"汉语"特指现代汉语。由于本教程主要是针对外国留学生学习现代汉语词汇而设计，因此具有以下两个特点：

一、一定的理论性。书中通过对现代汉语词汇系统中词语之间的聚合关系和组合关系的分析，让学生尽快了解现代汉语词汇的全貌，掌握现代汉语词汇的特点和有关词形、词义、词与词的关系、词汇与文化等基础理论知识，从而在学习汉语词语时具备全局观念，掌握一定的分析现代汉语词汇的能力。本书继承现代汉语研究的基本成果，以之作为理论框架，尽量吸收近年来词汇研究的最新成果，并根据留学生词汇教学的特点进行了一定的取舍，使之适合于作为留学生学习汉语词汇的理论工具。

二、较强的实用性。本书的定位是语言教学用书，对象主要是把汉语作为第二语言的外国留学生，因此，它有别于一般大学中文系的词汇学用书。大学中文系的汉语词汇课一般设在中文系汉语言专业，教学对象是以汉语作为研究对象的中国学生，教学侧重于理论知识的讲授，是从感性上升到理性，目的是提高理论认识水平，掌握语言研究的方法；而本书则是为把汉语作为外语进行教学而设计的，是在词汇理论的框架中，讲授词汇基本理论知识，由理论指导实践，通过大量练习系统地扩大词汇量，提高词语运用能力，目的是掌握、运用汉语，这是由理性到感性的认识过程。因此，本书设计了大量的练习，希望能通过这些让学生尽快掌握汉语构词的方式和特点、同义词的辨析方法，熟悉各类词汇在语言表达上的作用，提高运用语言的能力。

本书在写作过程中得到了北京语言大学汉语学院各级有关领导、有关专家和同事的大力支持和热情帮助。

王绍新先生对形成本书的试用教材的初稿和最后文字都作了精心审阅，而且于每一次审阅后都提出了非常具体和中肯的意见，给了我很多鼓励和指导，从而为本书的最终成文奠定了基础。

同时我也非常感谢符淮青先生，他在百忙之中抽出时间认真审阅了本书全文，为提高本书的严谨性和科学性提出了许多具体的要求和建议，并为本书撰写了序文。

将现代汉语词汇理论应用于对外汉语教学实践，对于我还是一个新的尝试，书中肯定还存在不少遗漏和欠缺，限于作者本人的水平，只能将其作为引玉之砖，冀盼得到专家学者的批评和指正。

万艺玲

2000 年 2 月

目 录

● 甲篇　概论

第一章　词和词汇

本章术语　词、词语、词汇

本　章　要　点

1. 词汇是词语的总和。词汇不仅包括词，还包括由词或由词和语素构成、性质作用相当于词的固定语。
2. 词和词语是指语言中一个个的具体单位，而词汇是就词语的总和说的，它是一种集合体单位。
3. 词汇具有很强的系统性。汉语词与词之间的联系主要表现在构成成分、词义、结构类型、语音等方面。

一、词和词汇

词汇是词语的总和。现代汉语词汇就是现代汉语全部词语的总和。

词汇不仅包括词，如“高”、“国家”、“图书馆”等，还包括由词或由词和语素构成、性质作用相当于一个词的固定语，如成语（愚公移山、自相矛盾）、谚语（饭后百步走，活到九十九）、歇后语（大海捞针——无处寻）、惯用语（开后门、碰钉子）。这些固定语都是由词组成的，但是跟词的作用一样，都用来造句，也跟词一样形式固定。这些固定语就是我们平时所说的“词语”中的“语”。词语的总和构成一种语言的词汇。

“词汇”和“词”、“词语”的含义不同，不能混淆。“词”和“词语”是指语言中一个个有声音、有意义的具体单位，“词语”的范围比“词”大，“词语”不仅包括“词”，还包括固定语。而“词汇”是词语的总和，它是一种集合体单位，“词汇”可以指一种语言词语的总和（如汉语词汇、英语词汇等），可以指语言各类词语的总和（如书面语词汇、口语词汇、方言词汇等），可以指一个人所掌握的词语的总和（如鲁迅的词汇、老舍的词汇等），也可以指作品、文章的词语的总和（如《红楼梦》的词汇、《三国演义》的词汇等）。总之，“词汇”不论指什么类型的词语的总和，总是一个表示集合体的名称，绝不能表示个别的词和词语。像※"他今天学了一个新词汇"、※"这个词汇用错了"这样的句子，就是没有正确理解"词汇"的含义，是用得不对的，句中的"词汇"都应该改为"词"或"词语"。

二、词汇的系统性

通过对词汇的研究，人们逐渐发现，词汇中的各个词不是像沙子那样各不相干，而是有联系有关系的，词汇具有很强的系统性。以汉语为例，词与词的联系主要表现在以下几个方面：

（一）构词成分上的联系

以"学"为例，以它作为构成成分的词非常多：

学～　学费　学分　学风　学历　学年　学生　学识　学士
　　　学术　学说　学堂　学徒　学位　学习　学校　学者
　　　学子　学制　学究

～学　博学　才学　辍学　大学　法学　放学　国学　汉学
　　　化学　家学　讲学　教学　开学　科学　饱学　美学
　　　留学　数学　神学　逃学　停学　退学　史学　失学
　　　文学　西学　休学　小学　哲学　自学　转学　医学

～学～　大学生　奖学金　科学家　留学生　助学金　教学法

这些词都有相同的构成成分"学"。

再如：

人～　人才　人格　人家　人间　人口　人类　人民　人情
　　　人参　人生　人士　人体　人为　人物　人心　人性
　　　人选　人员　人造　人民币　人生观

～人　爱人　本人　别人　病人　常人　超人　成人　仇人
　　　敌人　丢人　动人　恩人　犯人　夫人　个人　红人
　　　客人　恋人　猎人　盲人　名人　男人　能人　亲人
　　　情人　穷人　商人　诗人　野人　游人　证人　主人
　　　候选人　继承人　聋哑人　意中人

～人～　美人蕉　小人书　主人公　仙人掌

这些词都有相同的构成成分"人"。

（二）词的意义上的联系

很多词在意义上存在着各种联系，词义上的联系常常表现在以下几个方面：

1. 表示同类事物现象

a. 胳膊　胸　腹　脚　肺　胃　肠　头　腿

b. 美丽　丑陋　顺眼　秀气　清秀　俊美　英俊

c. 吃　吞　喝　饮　吸　咽　吮　吻　咬　嗑　啃

　吹　吐　舔　咀嚼

d. 拿　抓　握　摸　摘　揉　搓　拍　掰

　揭　提　举　推　托　抬　拔　抱　打

　敲　撞　摇　插　扔　摔　捆　挂　挑

a 组的词都是表示人体的部位和器官的词，b 组的词都是形容人的外貌的词，c 组的词都是表示口腔动作的词，d 组的词都是表示手部动作的词。

2. 同义关系

a. 式样、样式

b. 谈、聊、谈话、交谈

c. 大约、大概、大致、大抵

d. 牺牲、逝世、死

a 组的两个词词义完全相同，b、c、d 三组中的词词义相近。

3. 反义关系

a. 高——低、矮

b. 大方、慷慨——小气、吝啬

c. 男人、男子、男——女人、女子、女

三组词横线左边的词和右边的词的词义相反。

4. 上下位关系

a. 水果——苹果、香蕉、西瓜、葡萄、橘子

b. 动物——狗、马、牛、猪、鸟、鸡

c. 花——玫瑰、菊、百合、茉莉、牡丹、梅花

a 组的“水果”是上位词，表示一个类的概念，“苹果”、“香蕉”等词是下位词，它们都是水果的种类。b 组的“动物”是上位词，“狗”、“马”等是下位词，它们都是动物的种类。c 组的“花”是上位词，“玫瑰”、“菊”等是下位词，它们都是花的种类。

当句子用到有上下位关系的词时，要注意句中上位词一般不能和下位词混杂在一起，如：

※路边的摊上摆着很多水果、香蕉、西瓜。

句中的“水果”是上位词，不能和下位词“香蕉”、“西瓜”混杂在一起，应改为：“路边的摊上摆着很多水果，有香蕉、西瓜什么的。”

（三）结构类型上的联系

很多词在语法结构方面有联系。如：

a. 朋友　动静　永久　渺小　增加　早晚

b. 地震　眼花　性急　面熟　年轻　胆怯

c. 黑板　白菜　大米　冷笑　热爱　飞快

d. 说明　提高　分开　推翻　扭转　认清

e. 开幕　提议　越轨　埋头　留神　担心

f. 爸爸　舅舅　姐姐　星星　常常　刚刚

a 组词的语法结构都是并列式，b 组词的语法结构都是主谓式，c 组词的语法结构都是偏正式，d 组词的语法结构都是补充式，e 组词的语法结构都是述宾式，f 组词的语法结构都是重叠式。

（四）语音形式上的联系

很多词在语音形式上有联系。例如：

a. 一、衣、依、医、壹

b. 人事、人士、人世、人氏

c. 妈、麻、马、骂、吗、抹

d. 是、沙、书、蛇、山、上

e. 他、大、那、拉、怕、卡

f. 花儿、亮儿、个儿、本儿

a 组词的发音一样，都是“yī”；b 组词的发音也一样，都是“rénshì”；c 组词的声母和韵母相同，都是“mɑ”，但是声调不同；d 组词的声母相同，都是“sh”，但韵母和声调不同；e 组词韵母相同，都是“ɑ”，但声母和声调不同；f 组词都是带有儿化韵的词。

要学习好汉语词汇，不仅要掌握一个一个的词语，还应该从系统出发，了解词的特点、构词规律、词与词的各种关系等内容，从整体上把握汉语词汇的特点。这些将是本书的主要内容。

练　　习

一、判断下面的说法是正确还是错误，并说明理由：

1. 今天在高级汉语课上，我们学习了几个新词汇。

2. 各种语言的词汇差别很大。

3. “面的”这个词汇的意义是什么？

4. 应该多学习些成语、惯用语、歇后语，丰富自己的词汇。

5. 我觉得我的词量太少。

二、说明下列几组词分别在构成成分、词义或语法结构上有什么联系：

1. 高兴、悲伤、愤怒、失望、得意

2. 长江、长空、长跑、擅长、漫长、特长

3. 家庭、家乡、家长、东家、管家、专家

4. 买卖、朋友、动静、停止、离别

5. 外科、皮鞋、象牙、白酒、葡萄酒

6. 甜、酸、苦、辣、咸

7. 马、牛、狗、动物、兔子、老虎

三、说明下列各组词在语音形式上有什么联系：

1. 十、时、石、拾、实

2. 高、搞、告、稿、膏

3. 哭、古、湖、读、土、怒

4. 喊、染、谈、难、赶、满

5. 拉、蓝、路、老、了、浪

四、请写出符合以下不同要求的词：

1. 以“手”作为构词成分的词（至少 10 个）——

2. 以“车”作为构词成分的词（至少 10 个）——

3. 表示腿部动作的典型动词(至少 4 个)——

4. 与气象有关的典型名词(至少 5 个)——

五、下列这些词都包含了“天”这个构词成分,请问这些词中的“天”的意思是否一样?如果不同,请问各词中的“天”分别表示什么意思?

今天　　春天　　冬天　　晴天　　天才　　天生

明天　　天桥　　天窗　　每天　　阴天　　顶天立地

六、下列这些词都包含了“儿”这个构词成分,请问这些词中的“儿”的读音和意思是否一样?

幼儿　　男儿　　儿童　　健儿　　儿孙　　儿媳

儿科　　儿歌　　盖儿　　婴儿　　亮儿　　孤儿

幼儿园　　生儿育女

七、思考并回答下列问题:

1. 词和词汇有什么关系?
2. 汉语词与词之间的联系表现在哪几方面?请举例说明。
3. 在你的母语当中,不同的词之间在构成成分、意义、语法结构、读音等方面是否有联系?请举例说明。

第二章　汉语词汇的构成

本章术语　普通话、基本词汇、一般词汇、文言词、新词、方言词、外来词、专门词语、简称

本　章　要　点

1. 普通话词汇的主要成分是北方话中的词，同时还吸收了一部分文言词、方言词和外来词，从而构成了丰富多彩的现代汉语词汇。
2. 根据在词汇系统中的地位，词汇可以分成基本词汇和一般词汇。
3. 根据词汇来源的不同，一般词汇中的词可以分为文言词、新词、方言词、外来词、专门词语和简称等。
4. 基本词汇具有历史悠久和社会普遍使用的特点。
5. 外来词是指从外国或国内其他民族语言中吸收到汉语中的词。根据吸收方式的不同，外来词可以分为以下三种类型：音译、音译加意译、借形。其中音译加意译又可细分为三小类：音义兼顾、半音译半意译和音译加表意语素。

一、基本词汇和一般词汇

我们现在使用的普通话是以北京语音为标准音，以北方话为基础方言，以典范的现代白话文著作为语法规范的。

汉语词汇非常丰富，从数量上来说，目前收词量较大的《汉语大词典》收的现代和历史词语达到三十五万，我们经常使用的《现代汉语词典》收了六万余条词语。据调查，汉语常用词语大约三千个左右。对学习汉语的外国学生来说，要达到高等的汉语水平，必须掌握七千到九千个词语。

汉语词汇虽然数量众多，但全部词语可以从不同角度进行归类。根据在词汇系统中的地位，词汇可以分成基本词汇和一般词汇。根据词汇来源的不同，一般词汇中的词又可以分为文言词、新词、方言词、外来词、专门词语和简称等。

基本词汇包含的是千百年前就已经产生，一直运用到现代的词。基本词汇是词汇中最主要的部分，基本词汇所指称的对象，都是自然界和社会中不易消

失的东西，都是人的生活中经常接触的东西。如：

a. 表示常见的自然现象、普通事物的词：天、地、风、鱼、草、刀、窗、门、笔

b. 表示人体器官的词：头、手、脚、心

c. 表示时令、方位的词：年、月、春、夏、秋、冬、东、西、南、北、上、下、右

d. 表示最基本的动作行为的词：走、飞、跑、吃、生、死

e. 表示最基本的性质状态的词：大、小、长、短、黑、美、高、红、白

f. 表示数量的词：一、二、三、十、百、千、万

g. 表示人称和指代关系的词：我、你、这、那

属于基本词汇的词，一般具有两个特点：

第一，历史悠久。这些词在千百年前就出现，在历史上存在了很长时间。

第二，社会普遍使用。这些词表示的都是一些最常见的事物、现象和人们交际时最需要的概念，所以凡是使用汉语的人，不论什么阶层，从事什么行业，文化程度如何，生活在哪个地区，都毫无例外地要使用这些词来进行交际。

基本词汇以外的词都属于一般词汇。一般词汇的数量比基本词汇大得多。既包括古代汉语中的一些词，如“首”、“沐浴”、“之”等，也包括各个时期创造的新词，如现代汉语的“网络”、“电脑”、“太空”、“新潮”等；既包括从方言中吸收来的方言词，如“搞”、“尴尬”、“龙眼”等，也包括从其他语言中吸收来的外来词，如“芭蕾”、“保龄球”、“酒吧”等等。与基本词汇相比，一般词汇容易随着社会的变动产生变化，没有基本词汇那样强的稳固性，大部分一般词汇也没有悠久的历史。

二、文言词

文言词，又称古语词，是来源于古代文言作品、现在只在某些文体或特殊环境里才使用的词。如“目（眼睛）”、“之（的）”、“首（头）”、“睹（看）”、“沐浴（洗澡）”、“伶仃（孤独）”等。文言词一般只用于书面的表达，口头说话很少采用。

文言词使用得好，可以使文字更简洁有力，或表达一种庄重严肃的意味。但是，用文言词要看是否需要，是否协调，下列句中的文言词就用得不当：

a. ※我在北京学习之时候，很多商店开业了。

b. ※北京大学于北京的西边，离北京城中心很远。

“学习之时候”应改为“学习的时候”。“于北京的西边”应改为“在北京的西边”。“之”和“于”都是文言词，用在这些句子中很不协调。

三、新词

新词是语言中新产生的词。它用新的形式代表新的事物、新的观念。新词是相对的。现代汉语词汇学所说的新词，主要指二十世纪初五四运动以后出现

的词。如：

1949 年前出现的新词：解放、红军、供给制、互助组、苏区、白区、儿童团

1949 年以后出现的新词：红领巾、教研室、下放、大跃进、铁人、赤脚医生、自留地、突击队

近年来出现的新词：微机、热线、房改、打工、托福、追星族、商品房、休闲装、回头客、摇滚热、信用卡、安乐死、收视率、卡拉 OK、T 恤

近年来出现的汉语新词，主要有以下几个来源：

第一，用语素构成新词。

新事物出现以后，按汉语构词方式，用常用语素构成新词。如：

热线、书市、电脑、立交桥、试管婴儿

用构词能力很强的语素构成新词。如：

上班族、工薪族、追星族、出国热、经商热、外语热、球迷、舞迷

第二，音译外来词。

由于对外开放，近年涌现了不少外来词，其中以源自英语的最多。如："托福"（源自英语 TOEFL）、"爱滋病"（源自英语 AIDS）、"迷你"（源自英语 mini）。近来，还有一些直接带有英语字母的外来词。如："DVD 机"、"卡拉 OK"、"T 恤"。

这些新产生的词，从内容上看，有关日常生活的较多，有关经济、政治、文化、科技等方面的也不少。从语音形式上看，新词以双音节和三音节居多。新词产生以后能否长期使用，主要取决于这些新词反映的事物或现象是否长期存在。

四、方言词

方言词指来源于汉语方言，已经被普通话吸收的词语。

汉语方言的分歧很大而且非常复杂，根据各方言的不同特点，一般把汉语方言分为七种：

北方方言，主要分布在华北地区，以及四川、云南、贵州等地。代表方言是北京话。

吴方言，主要分布在上海市、江苏省、浙江省等地区。代表方言是上海话。

湘方言，主要分布在湖南省。代表方言是长沙话。

赣方言，主要分布在江西省。代表方言是南昌话。

粤方言，主要分布在广东省以及港澳地区。代表方言是广州话。

闽方言，主要分布在福建省、台湾省，以及海南省部分地区、广东省东部潮州、汕头一带。代表方言是厦门话。

客家方言，主要分布在福建、广东、江西三省的边缘地区。代表方言是广东省梅县话。

各方言与普通话的差别各不相同，闽方言和粤方言与普通话的距离最大，

吴方言次之，客家方言、赣方言和湘方言又次之。

普通话词汇在发展过程中，吸收了不少方言中有特色的词语。例如：

尴尬（神色、态度不自然）、马甲（背心）、里弄（小胡同）、滑头（油滑、不老实）、名堂（花样；名目等）、嗲声嗲气（撒娇的声音和姿态）——来自吴方言。

过硬（禁受得起严格的考验或检验）、过细（仔细）、里手（内行、行家）、堂客（妻子）——来自湘方言。

龙眼（桂圆）、马铃薯（土豆）——来自闽方言。

炒鱿鱼（比喻解雇）、打工（多指做临时工）、靓（漂亮、好看）、靓女、靓仔（漂亮的小伙子）、冲凉（洗澡）、叉烧（烤肉的一种方法）——来自粤方言。

的士（出租汽车）、咖喱（一种调味品）、吉他（一种乐器）——原为粤方言中的外来词，后被普通话吸收。

被吸收进普通话的这些方言词有着特殊的表现力，普通话如此丰富、生动，与吸收了许多方言词有密切关系。

五、外来词

外来词，也称借词，是指从外国或国内其他民族语言中吸收到汉语中的词。随着社会的不断进步，各个国家、各个民族，在政治、经济、文化等领域的交流日趋频繁，在相互交往中，会彼此吸收自己所需要的成分来充实本民族语言的词汇。从汉代开始，汉语就吸收了许多外来词。例如，“葡萄”、“狮子”、“石榴”等是从西域借入的词，“佛”、“菩萨”、“罗汉”、“刹那”等是佛教传入中国后，从梵语吸收来的词。19 世纪以来，特别是近年实行开放政策以后，大量的外来词被吸收到汉语词汇中来。

外来词进入汉语词汇系统中，要受到汉语内部规律的制约。例如，量词“打”（dá）是从英语“dozen”借来的，原词是两个音节，而“打”变成一个音节，并且还有了声调。

（一）按照吸收方式的不同，外来词一般可以分为以下几种类型

1. 音译　指完全按照原词的语音形式对译成汉语。例如：

沙发——sofa　　咖啡——coffee
克隆——clone　　逻辑——logic
拷贝——copy　　尼龙——nylon
华尔兹——waltz　　白兰地——brandy

2. 音译加意译　指既有音译成分，又有意译成分。可分为三小类：

(1)音义兼顾　指翻译过来的这些词的声音同原词接近，同时各个音节又表示同原词意义相关的内容。例如：

香波——shampoo　　托福——TOEFL
俱乐部——club　　维他命——vitamin
可口可乐——coca-cola　模特儿——model

(2)半音译、半意译　即把一个词分成两部分，一部分音译，一部分意译。例如：

绿卡——green-card　　新西兰——New zealand
冰淇淋——ice-cream　　华尔街——Wall Street

(3)音译加表意语素　即用音译的方法把原词对译成汉语，再加上一个原词所没有的表示事物类属的表意语素。例如：

啤酒——beer　　卡片——card
爵士乐——Jazz　　芭蕾舞——ballet
比萨饼——pizza　　高尔夫球——golf

3．借形　即部分直接借用外语文字形式，例如：

T 恤——T-shirt：指圆领或翻领的针织套衫。
X 光——X-rays：X 射线。
卡拉 OK：由日语 kara(空)和日音译英语 orchestra(管弦乐队)构成，指录有伴奏乐曲的磁带或唱片。

(二) 来自日语的外来词

日本自 1868 年明治维新以后，西方的文化科学技术书籍大量被译成日语。在翻译这些外来词的时候，日本人一般采用意译的办法，就是用汉字构造一个新词去表示原词的意思，而读起来仍然依照日语的发音。十九世纪末二十世纪初，大批中国青年赴日留学，这样，一些日语意译词开始大量进入汉语。由于日本人在翻译欧美的名词术语时用的是汉字，所以我们可以很方便地加以借用而不必另外再去翻译，但借过来以后自然要依照汉语的发音去读。借过来的只是词形和词义，读音已经改变了。这些来自日语的外来词大致有两种情况：

1. 日语利用古汉语原有的词语意译欧美词语

如“列车”，在古汉语中表示“一列马车”，现在指“火车”的意思，这个意思是日语用古汉语“列车”这个词来意译欧美的词语而产生的。再如“分析”，古汉语中表示“分开”的意思，日语借用这个词意译英语中的“analysis”，现代汉语中“分析”也表示英语“analysis”的意思。这样的例子还有，如：

封建　　文学　　法则　　博物　　法人　　具体

2. 日语利用汉字构造一个新词意译欧美词语

例如：

干部	错觉	独裁	概念
否定	光年	表决	大气

这些词在古汉语中也没有，是日本人利用汉字翻译欧美词语时构造的新词。后来这些词又被汉语吸收。

六、专门词语

词汇中有一部分词语，是社会上某一活动领域的人们所专用或较多使用的。专门词语包括一些科技、学术领域的专门术语和社会上某些行业专门使用的行业术语。例如：

哲学术语：存在、意识、唯物论、唯心论、辩证法
经济学术语：消费、价值、金融、流通、资本
数学术语：加法、分母、平方、平方根、立方
商业用语：上市、旺季、货源、滞销、盘点
交通用语：车次、硬卧、晚点、航班、软卧
戏曲用语：老生、花旦、脸谱、行头、台步

专门词语在本专业或本行业范围内表示专门的意义。但专门词语中有一部分同人们生活密切相关，在使用过程当中可能产生新义。例如：

资本 ①用来生产或经营以求获利的生产资料和货币。②比喻牟取利益的凭借：政治资本。

背景 ①舞台上或电影、电视剧里的布景。②对人物、事件起作用的历史情况或现实环境：政治背景|历史背景。③指背后倚仗的力量：听他说话的气势，恐怕是有背景的。

“资本”的第一个义项是这个词的本义，是经济学术语，第二个义项是从本义发展出来的新义。“背景”的第一个义项是这个词的本义，是戏剧用语，第二、第三个义项是从本义发展出来的新义。由专门词语转化为普通词汇的情况非常普遍，例如“价值”、“比重”、“亮相”、“消化”、“麻痹”等词都由专业的意义发展出了新义。

七、简称

简称是由长的、复杂的词语压缩简化而成的短的、简单的词语。例如：“北京大学”紧缩为“北大”，“奥林匹克运动会”紧缩为“奥运会”。组成简称也是构

词的一种方法。构成简称的方法很多，常见的有：

（一）词语缩减

抽出原词语中有代表性的词语组成简称。如：

a. 清华大学——清华　　复旦大学——复旦

b. 中国、美国——中美　　文学、历史、哲学——文史哲

c. 外交部长——外长　　中国旅行社——中旅　　环境保护——环保

（二）用数字概括

抽出原词语的共同成分，或概括原来几个词语表示的事物的共性，然后加上一个数词组成简称。如：

a. 废渣、废水、废气——三废

b. 两耳、两眼、鼻孔、嘴——七窍

c. 甜、酸、苦、辣、咸——五味

d. 陆军、海军、空军——三军

使用简称可以使语言表达上简捷、方便，但是在运用时要注意两点：一、不能不管场合随便滥用，正式文件为表示郑重，最好不要用简称；二、简称是社会约定俗成的一些词语，不要生造简称。

练　　习

一、下列词语哪些是基本词汇？哪些是一般词汇？

天　　天桥　　太空　　飞　　飞机

机器　　氧　　手　　手表

二、指出下列一般词汇的类别：

保龄球　　炒鱿鱼　　网虫　　尴尬　　的士

黑客　　再就业　　沐浴　　克隆　　里弄

过硬　　咖啡　　追星族　　平方　　花旦

三、指出下列外来词的构造类型：

例如：沙发——音译

可口可乐　　香槟酒　　比萨饼　　啤酒

卡拉 OK	模特儿	冰淇淋	酒吧
雪茄	维他命	高尔夫	奥林匹克
保龄球	吉他	X 光	爵士乐
卡通	俱乐部	香波	的士
巴士	T 恤	DVD 机	华尔兹舞

四、解释下列句中画线的方言词的含义：

1. 吃过晚饭，两位老人在唠嗑儿。
2. 联欢会的名堂真多，又有舞蹈，又有杂技。
3. 天气这么闷热，你冲个凉，也许舒服点儿。
4. 要有过硬的技术，才能参加这种长距离的汽车拉力赛。
5. 你这是狗逮耗子，多管闲事。
6. 难怪你叫“靓仔”，是够“靓”的。

五、用简称表述下列结构：

中国、美国、法国、德国等国家——

北京、天津、唐山地区——

北京至广州铁路运输线——

建立外交关系——

奥林匹克委员会——

中华人民共和国民用航空公司——

废水、废渣、废气——

外交部长——

北京师范大学——

六、写出下列简称的全称：

环保——	国旅——
国航——	作协——
上影——	老弱病残孕——
春运——	微机——

驾校——　　　　　　　　老中青——

公关——　　　　　　　　北图——

七、下列专业词属于哪种专门用语？普通义是什么？用普通义造一个句子：

例如：消化——医学用语。

普通义：比喻理解、吸收所学的知识。

“这节课老师讲得太多了，学生一下子消化不了。”

腐蚀——

上台——

比重——

麻痹——

跑龙套——

八、填空：

1. 普通话是以____________语音为标准音，以____________话为基础方言，以典范的现代白话文著作为语法规范的。

2. 根据在词汇系统中的地位，词汇可以分成____________和____________。根据来源的不同，一般词汇中的词又可以分为____________、____________、____________、____________、专门词语和简称等。

3. ____________是词汇中最主要的部分，它所指称的对象，都是自然界和社会中不易消失的东西，都是人的生活中经常接触的东西。

九、思考并回答下列问题：

1. 现代汉语词汇一般包括哪几种类型的词？

2. 基本词汇包括哪几类词？有什么特点？请举例说明。
3. 什么是方言词？写出三个你所知道的方言词，说明它们来自哪种方言。
4. 什么是外来词？外来词一般有哪几种类型？请举例说明。
5. 来自日语的外来词有什么特点？
6. 什么是专业词？是不是所有专业词的使用范围都只限于本行业。请举例说明。
7. 新词在内容和形式上有什么特点？请举例说明。
8. 构成简称有几种方法？请举例说明。

第三章　汉语词汇的特点

本　章　要　点

1. 汉语词汇的语音形式以单音节和双音节为主，词汇在发展过程中有很强的双音化倾向。
2. 汉语外来词多含有意译成分。
3. 汉语是一种缺少词形变化的语言，词与词组合时词形不会发生变化。汉语表示语法关系的手段主要是语序和虚词。
4. 汉语构词具有很强的理据性。

一、汉语词汇的语音形式以单音节和双音节为主，词汇在发展过程当中有很强的双音节化倾向

古汉语里，单音词居多，现代汉语里的单音词，基本上是历史上的传承词。现代汉语复音词（两个音节和两个音节以上的词）居多，而复音词中占绝大多数的是双音词。这是古今汉语词汇差别之一，也是汉语词汇在语音形式上的特点和发展规律。

在汉语词汇的发展过程中，有一个明显的趋势，就是双音节化。这主要表现为：

（一）原有的单音节词向双音节词靠拢

这包括两种情况：

1. 在原有单音节词的前面或者后面加上一个不表示具体意义的成分，使它成为双音节

例如：

舌——舌头　木——木头　石——石头　竹——竹子　椅——椅子

鼻——鼻子　虎——老虎　师——老师　鼠——老鼠

2. 把两个意义相近或相关的单音节词组合起来，构成双音节的合成词

例如：

皮肤　牙齿　关闭　离别

嘴唇　　　贫穷　　孤独　　　道路

（二）新出现的多音节词压缩为双音节合成词

这多见于简称。例如：

初级中学——初中	对外贸易——外贸
地下铁道——地铁	图书市场——书市
彩色电视机——彩电	科学技术委员会——科委
中国作家协会——作协	高等学校入学考试——高考

汉语词汇的这一发展趋势，同词的表义明确性和运用上的简便性这两种倾向的矛盾有直接关系。汉语从古代发展到今天，有些古代汉语的异音音节，在现代汉语里都合并成同一音节了，从而出现了很多的同音词。词的同音，有时会影响词表义的明确性，多音化就比单音化有更多的可能避免同音现象。但是，词是造句的单位，要被人们经常、反复使用，如果音节过多，用来就不够简便。所以，词在不影响表义明确性的前提下，总是力求形式的简化。表义的明确性，要求词的音节由简趋繁，而运用的简便性，又要求词的音节避繁就简，这两种倾向相互制约，促使汉语词汇的音节集中到双音节形式上。

二、外来词多含有意译成分

汉语同其他许多语言一样，以本民族的固有词为主体，适当吸收其他民族、其他国家的词语来丰富自己。汉语吸收其他语言的词语主要有两种基本的方法：一是音译，根据原词的读音对译成汉语，用汉字表示原词的读音，如“沙发”、“巧克力”、“迪斯科”；二是意译，根据原词的意义对译成汉语，用汉语自己的语素表示原词的意义，如“足球（football）”、“黑板（blackboard）”、“快餐（quick-lunch）”、“篮球（basketball）”。严格来说，像“足球”这样完全意译的词语并不是外来词。因为像“足球”这样完全意译的词语代表的事物虽然是外来的，但构成这个词的语素“足”和“球”却是汉语本身所固有的，“足”与“球”之间存在修饰与被修饰的关系，这种构词方式也是汉语词汇所固有的，所以我们认为完全意译的词语不属于外来词，外来词一般都应当包含一定的音译成分。但像“沙发”这样纯粹的音译词并不是汉语外来词的主体。因为汉语词的书写形式——汉字是表意文字，而像“沙发”这样的词语，组成词的“沙”和“发”这两个字完全没有意义，字不表义不符合汉字系统的规律，在说汉语的人的心理上也较难接受，所以，汉语在吸收外来词的时候，常常在音译的基础上加上意译的成分，如：

a. 卡车（car）、啤酒（beer）、芭蕾舞（ballet）、高尔夫球（golf）——在音译的基础上加上表意语素。

b. 摩托车（motor-cycle）、冰淇淋（ice-cream）、霓虹灯（neon-light）——将原

词一半音译一半意译。

c. 香波（shampoo）、托福（TOFEL）、可口可乐（coca-cola）——每个汉字既代表原词的发音，又表示与原词意义相关的内容。

甚至某些曾经流行的纯粹的音译词会被汉语自创的意译词所代替，如：

盘尼西林（penicillin）——青霉素　　莱塞（laser）——激光

德律风（telephone）——电话　　的士（taxi）——出租汽车

三、汉语缺少词形变化

在有些语言中，词与词组合时形式要发生变化。同一个词，与不同的词组合就有不同的变化，这些不同的变化形成一个聚合，叫做词形变化，或者叫做形态。印欧语系的语言一般都有词形变化。英语的动词最多有五个形式，如 give，gives，gave，given，giving；代词有四个形式，如 I，me，my，mine 。俄语的词形变化比英语还要复杂得多，普通名词有单数、复数的区别，单、复数各有六个格的变化，一个名词就有十二种变化，名词又有阳、阴、中三种性的区别，不同性的名词有不同的变格规则。像俄语这样有丰富词形变化的语言，词不发生变化就不能进入句子当中。

汉语没有印欧语那样系统的词形变化，各个词类基本上没有形式上的标记，同一个词与不同的词组合，不会有形式上的变化。例如，动词“给”，无论是跟“我”组合成“我给”，还是跟“他”组合成“他给”，“给”这个词的形式都不会发生变化。而在英语中，“give”（给）与“I”（我）组合是“I give”，与“he”（他）组合则是“He gives”，“give”要变成“gives”。正因为汉语没有词形变化，各种词类没有明确的形态标记，所以有时不同词类之间界限就不太明确。像汉语中的动词和形容词就很不好区分，有时同一个词既可以是动词，也可以是形容词。如“繁荣”，可以说“经济繁荣”、“市场繁荣”，当形容词用；也可以说“繁荣市场”、“繁荣文化艺术事业”，带上宾语当动词用。再如，“丰富”，可以说“物质很丰富”、“内容很丰富”，当形容词用；也可以说“丰富业余生活”、“丰富市场”，当动词用。

有词形变化的语言，可以通过词形变化表示语法关系。缺少词形变化的汉语，表示语法关系的手段就不是词形变化，而主要靠语序和虚词。这部分内容可参考语法书。

四、成语一般由四个音节组成

汉语词汇里包含大量成语。汉语成语的特点是绝大部分是四个音节，不但来源于古代的成语多是四音节的，如：

凤毛麟角　　好高骛远　　目瞪口呆　　贻笑大方

病入膏肓	负荆请罪	望梅止渴	水落石出
画龙点睛	勾心斗角	精卫填海	自相矛盾

就是现代新创造的成语，也多是四个音节，如：

优胜劣汰	饮水思源	快马加鞭	自力更生
百花齐放	古为今用	奋发图强	多快好省

有的四音节以上的成语，在流传使用过程中，在不影响意义表达的前提下，也往往向四音节发展，如：

星星之火，可以燎原——星火燎原

前车之覆，后车之鉴——前车之鉴

四音节的成语内部成分也多是两两并列，如"凤毛//麟角"、"目瞪//口呆"、"自力//更生"。这同汉语词汇双音节化有相当的关系。双音同双音结合，是汉语的一个主要节奏倾向，绝大多数成语都用了这种节奏。

五、汉语构词具有理据性

词是由语素(即语言中最小的音义结合体)构成的，单纯词由一个语素构成，如"山"、"火"、"天"、"人"这些词，语素义就是词义。由多个语素构成的合成词，构成词的语素义和词义之间往往有密切的关系，之所以采用这些语素来构词是有道理可讲的，即汉语构词是具有理据性的。例如，"电脑"这个词之所以用"电"和"脑"这两个语素表示"电子计算机"的意思，是因为电子计算机能运算，会控制程序，就好像人脑一样。"寒毛"之所以用"寒"、"毛"这两个语素表示"人皮肤表面的细毛"的意思，是因为人皮肤上的细毛，平常不易看清，在遇到寒冷刺激时，皮肤上会起鸡皮疙瘩，细毛就会竖起来，这时才容易看清楚。再如：

泪珠：像珍珠一样一滴一滴的眼泪。

柳腰：像柳条一样细小、柔软的腰。

留学：留居国外学习。

火车：火力发动的车。

由于汉语基本上是一个汉字表示一个语素，语素义和词义有密切联系，所以表示语素的字的意思必然和词义也会有联系。汉语中每个汉字的意思都比较明确。所以由两个以上语素构成的合成词虽然有固定的意思，但学习新词时大致可以通过词的字面意义帮助记忆这些合成词的意义。如前面所说的"电脑"、"寒毛"、"泪珠"等。如何通过语素义了解词义，请参考本书"词的意义"一章。

练　　习

一、填空：

1. 汉语词汇的语音形式以＿＿＿＿＿＿和＿＿＿＿＿＿为主，词汇在发展过程当中有很强的＿＿＿＿＿＿倾向。

2. 古汉语里，＿＿＿音节词居多，现代汉语里的单音词，基本上是历史上的传承词。现代汉语复音词居多，而复音词中占绝大多数的是＿＿＿音节词，这是古今汉语词汇差别之一，也是汉语词汇在语音形式上的特点和发展规律。

3. 汉语比较通用的吸收外来词的方式是在音译的基础上加上＿＿＿＿＿的成分。

4. 在有些语言中，词与词组合时形式要发生变化。同一个词，与不同的词组合就有不同的变化，这些不同的变化形成一个聚合，叫做＿＿＿＿＿＿。

5. 汉语缺乏词形变化，所以汉语表示语法关系的手段主要靠＿＿＿＿＿＿和＿＿＿＿＿＿。

6. 汉语词汇里包含大量成语，汉语成语绝大部分是＿＿＿个音节。

二、古汉语词汇以单音节为主，现代汉语词汇以双音节为主，请问下列现代汉语双音节词是如何从单音节变成双音节的？

石头　　舌头　　椅子　　老虎　　老师　　朋友

嘴唇　　老鹰　　牙齿　　鼻子　　桌子　　道路

三、汉语简称多用几个音节表示？请举例说明。

四、请说明下列各词画线的部分分别表示各词所代表的事物的什么特点：

例如："电脑"，"脑"表示电脑这种东西像人脑一样会计算、能控制程序。

血红　　雪白　　橘红　　瓜子脸

桃红　　喇叭裤　　牛仔裤　　灯笼裤

五、修改下列病句：

1. ※张华在这个城市生了三十年，从来没有离开过。
2. ※我们班有来自美国、法国、日本国、印度国、瑞典国的学生。
3. ※他认了错误，还是被妈妈批评了一顿。
4. ※他的爸、哥明天将乘飞机来北京参加他的毕业典礼。
5. ※外面的雨点飘进来了，唐先生随手把窗关上。
6. ※吸烟对身体健康不有利。

六、下列外来词在结构上有什么特点？反映了汉语词汇的什么特点？

啤酒　　比萨饼　　保龄球　　芭蕾舞　　爵士乐　　高尔夫球

七、思考并回答问题：汉语词汇具有哪些特点？请举例说明。

● 乙篇　词形和词义

第四章　词的性质

本章术语　字、词、实词、虚词、词组

本　章　要　点

1. 字和词是两个不同的概念。字是记录语言的符号，词是语言中能独立运用的最小的有意义的单位。
2. 一个汉字不一定代表汉语中的一个词。有两个以上的汉字表示一个词的，如“喜欢”；有一个汉字表示不同的词的，如“花$_1$”（花朵）和“花$_2$”（花钱）；有不同的字代表同一个词的，如“飞”（简体字）和“飛”（繁体字）、考（规范字）和“攷”（异体字）。
3. 词都代表一定的意义。意义比较实在的是实词，意义比较抽象的是虚词。虚词在句中表示一定的语法意义。
4. 词是最小的造句单位，不能把词分解为更小的单位去使用。
5. 常用的区分词和词组的方法是扩展法。

一、字和词

我们看文章的时候总是先看到一个个的字，因此很容易把它等同于词，而实际上这是不正确的。比如说：

他们非常喜欢踢足球。

这句话一共有九个字，但只有五个词。五个词中只有“踢”是一个字，也是一个词。其余“他们”、“非常”、“喜欢”、“足球”，都是两个字合在一起才算一个词。又比如说：

爱因斯坦是世界著名的科学家。

这句话一共有十三个字，但只有六个词。其中，只有“是”、“的”，既是一个

字，也是一个词；“世界”、“著名”，是两个字表示一个词；“爱因斯坦”、“科学家”，却是两个以上的字表示一个词。再如：

很多人爱花钱买花。

这句话一共有八个字，也有八个词。由于这句话有两个书写形式一样的字“花”，所以也可以说只有七个不同的字。七个字怎么可以表示八个词呢？这是因为同一个汉字“花”表示了两个词，第一个“花”是“用”的意思，第二个“花”是“花朵”的“花”。

从上面的例子可以看出：字和词既有联系，又有区别，它们的关系比较复杂。

第一，一个汉字表示一个词，如“踢”、“人”、“是”、“很”。

第二，两个以上的汉字表示一个词，如“喜欢”、“世界”、“科学家”、“爱因斯坦”。

第三，一个汉字表示不同的词，如：

花$_1$——huā“玫瑰花”的“花”
花$_2$——huā“花钱”的“花”
还$_1$——hái“她还那么年轻”的“还”
还$_2$——huán“还书”的“还”

这些字代表的词，有的同形同音，如“花”这个字分别代表“花$_1$”和“花$_2$”两个发音相同的词；有的形同音不同，如“还”分别代表“还$_1$”和“还$_2$”两个发音不同的词。

第四，不同的字代表同一个词，如：

a.	飞——飛	云——雲	尘——塵	听——聽
	儿——兒	汉——漢	笔——筆	声——聲
b.	考——攷	群——羣	朵——朶	峰——峯
	席——蓆	裙——裠	况——況	堤——隄

a组以“飞”和“飛”为例，横线前后两个字写法不同却代表同一个词，意思和读音完全一样。这两个字的主要区别是，前一个字“飞”是简体字，后一个字“飛”是繁体字。目前中国大陆通行的是简体字，但在其他使用汉语的地区有的还使用繁体字。

b组以“考”和“攷”为例，横线前后两个字也是写法不同，但读音和意思完全相同。区别在于，前一个字“考”是国家规定的规范字形，后一个字“攷”是社会上曾经使用过的、跟规范字形写法不同的异体字。我们学习和使用的是规范字形，像“攷”这样的异体字现在已不再使用。

二、词的特点

词是语言中最小的、能独立运用的、有意义的语言单位。它具有以下几方面的特点。

(一)词都代表一定的意义

意义比较实在的是实词,如:

名词——书、国家、木头
动词——看、调查、希望
形容词——高、美丽、突然
数词——五、二十、万
量词——个、条、公斤
代词——你、我们、那、什么

意义比较抽象的是虚词,它们在句中表示一定的语法意义,如:

副词——不、很、都
介词——把、被、从
连词——和、因为、可是
助词——了、着、过、的
语气词——啊、吗、呢

(二)词一般都具有固定的语音形式

各个音节的声、韵、调都不能改变,改变了就不是原来的词,或者变得毫无意义。如把“山”念成 sān,就变成了“三”,把“山”念成 shāng,就变成了“伤”。

声调在汉语词中是很重要的区别意义的手段,同样一个词,声调不能轻易改变,如把“山”念成 shàn,就变成了“扇”。“好”念“hǎo”是表示“好坏”的意思,是形容词,念“hào”表示“喜好”,是动词。

词的轻重音也不能随便改变,如把“东·西 dōngxi”(“东西”之间的“·”表示“·”之后的字念轻声,以下同)念成 dōngxī,意思也变了,dōngxi 是指事物,dōngxī 是东西南北的东西。再如:

废物(没有用的东西)——废·物(没有用的人)
老子(对古代思想家李耳的尊称)——老·子(父亲)
地道(地下坑道)——地·道(真正的,纯粹的)
合计(合在一起计算)——合·计(商量)

汉语中有一些这样写法相同却表示不同意思的词,我们在学习汉语时要注意写法相同的词在不同句中的不同意思,注意它们在不同句子中读法。如:

a. 两个班合计四十名学生。
b. 大家合计一下这事该怎么办。

第一句中的“合计”是合在一起计算的意思,应该念“héjì”,第二句中的“合计”是“商量”的意思,应该念“héji”。

词有单音节的,也有双音节的,甚至多音节的,如:

单音节词——红、手、都
双音节词——繁荣、但是、葡萄
三音节词——办公室、计算机、图书馆、巧克力
四音节词——市场经济、可口可乐、奥林匹克
五音节以上的词(主要是一些外来的音译词)——卡萨布兰卡、布宜诺斯艾利斯

(三)词能独立运用

实词和虚词有不同的情况。实词能同别的词结合起来,组成词组、句子,充当词组和句子的成分。如"高":

组成词组——高山　很高　高而险
组成句子——山很高。(做句子的谓语)
　　　　　他跳得非常高。(做句子的补语)
　　　　　大家高唱一曲《友谊地久天长》。(做句子的状语)

有许多实词在对话时能单说,如"山"、"高":

甲:远处是什么?
乙:山。
甲:那座山高不高?
乙:高。

虚词运用的情况同实词不一样。有的虚词表示词组成分或句子成分之间的关系,如:"山和海"中的"和",表示"山"、"海"的并列关系。"险峻的山"中的"的",表示"险峻"修饰"山"。"虽然……但是……",表示句子间存在让步转折关系。

有的虚词表示一种语气,如:"我们去爬山吧"中的"吧",表示一种祈求的语气。虚词在组词、造句中的这些语法作用,表明它也是可以独立运用的语言单位。

(四)词是最小的造句单位,不能把词分解为更小的单位去使用

不论是双音节词,还是多音节词,都是一个不能再拆开的整体。如:

语言这东西,不是随便可以学好的,非下苦功夫不可。

"东西"一词是造句单位,是不能再拆开的整体。"东西"的意思是泛指各种各样的事物,如果把它拆成"东"和"西",就成了表示方向的词,同原来的意思完全不同了。

有的词,如"葡萄"、"玻璃"、"玫瑰"等,更是可以明显看出,每个词都是不能拆开的整体。要是把它们拆成"葡"、"萄"、"玻"、"璃"、"玫"、"瑰",这些单个的字

不能表示任何意义，它们只有结合在一起才成为一个词，表示一个特定的概念。

在句中，词作为最小的造句单位，不能拆开来使用，如："他喜欢吃白菜"不能说成"他喜欢吃白的菜"，因为"白菜"是一个词，说成"白的菜"意思就变了。

"他昨天感冒了"不能说成"他昨天感了冒"，因为"感冒"是一个词，不能拆开来说。

三、词和词组的区别

单音节的词不会跟词组混淆，因为它只有一个音节，绝不会被认为是词组（即两个或两个以上的词的组合）。但是，双音节和多音节的词有时跟词组却难以区别，如"白菜"是词，而"白花"、"白布"却是词组，词和词组有什么区别呢？

第一，词的意义有整体性，绝大多数词的意义不是组成词的各语素的意义的简单相加，如"白菜"不是"白的菜"，"黑板"不是"黑的木板"；而词组的意义则是组成词组的各个词的意义的简单相加，如"白花"就是"白的花"，"白布"就是"白的布"。由于词的意义具有整体性，所以在运用中是不可拆的。如"他是我的亲骨肉"，绝不能说成"他是我的亲骨头和亲肉"。词组则可以拆开而意思不变，如"每一朵白花都浸透了泪水"，可以说成"每一朵白色的纸花都浸透了泪水"。

第二，组成词组的各个词都是可以单独使用的，而组成词的各个语素却不一定能单独使用。如，词组"喝茶"中的"喝"和"茶"在汉语中不用和别的词组合就可以单独使用，比如问："你喝茶吗？"回答："喝。"，问："喝可乐还是茶？"回答："茶。"说明"喝茶"是两个词的组合。而"电视"中的"视"在现代汉语中是不能单独使用的，"美丽"中的"丽"也是不能单用的，所以"电视"、"美丽"是词，而不是词组。

根据词的特点，常用的确定词的方法是扩展法。即如果一个组合的 A、B 两项中能插入 C，说明这一组合的内部结构比较松散，一般是词组，不是词，如果一个组合的 A、B 两项中不能插入 C，则说明这一组合的内部结构紧密，具有整体性，是词，不是词组。如：

黑板——※黑的板。不能扩展，是词。

说明——※说得明，※说不明。不能扩展，是词。

黑布——黑的布。可以扩展，是词组。

小姐——※小的姐姐。不能扩展，是词。

吃饱——吃得饱，吃不饱。可以扩展，是词组。

桌子上——桌子和椅子上。可以扩展，是词组。

如何区分词和词组，还有不少复杂的问题，我们在这里就不再说明了。掌握了上面说的词的特点和词和词组的区别，划分和识别一般的词，还是可以做到的。

值得注意的是，即使是由同样的字组成的多音节语言片段，有时也可能有词与词组的区别。那就要结合语言环境，根据上述两点来区别它们。如：

开关 ①开关坏了，要换了。

②要按时开关厂门。

头痛 ①头痛医头，脚痛医脚。

②这件事真让人头痛。

第一个“开关”具有特定的意义，指东西，所以是词；第二个“开关”指开、关两个动作，可拆开来说，所以是词组。第一个“头痛”，是头部疼痛的意思，是词的语法组合，是词组；第二个“头痛”比喻感到为难，具有整体性，不可拆开来说，是词。

练　　习

一、指出下列各句分别由几个不同的字和词组成：

例如：他们非常喜欢踢足球。——包含了5个词，9个不同的字。

1. 他爱吃葡萄。

2. 今年北京的夏天特别热。

3. 莎士比亚是世界著名的作家。

4. 他爱花钱买花。

5. 那本书他还没还呢。

二、用双线把一个个的词划分开，并说明哪些是实词，哪些是虚词：

例如：北京//是//中国//的//首都。

实词——北京、中国、首都、是

虚词——的

1. 虚心使人进步，骄傲使人落后。

2. 他经过三年的努力，终于掌握了汉语。

3. 我哥哥的朋友大新是个业余美术爱好者。

4. 他买那些花，把身上的钱都花光了。

5. 爱迪生是世界闻名的发明家。

6. 现在市场上的葡萄和西瓜都比较便宜。

7. 他给人一种严谨的、一丝不苟的、脱俗的印象。

8. 你的笔记本可以在今天下午讨论前借我看看吗？

三、词的读音和词的书写形式一样重要，为准确使用，既要弄清楚词的书写形式也要弄清楚词的语音形式，这对减少口头表达的错误尤其有帮助。请注意“中”、“强”、“处”在下列各组词中的读音是否相同，如有不同，请说明有什么不同：

1. 中心　　中秋　　中暑　　看中

2. 强占　　强求　　勉强　　强迫

3. 处所　　相处　　用处　　随处

四、注意辨别字义，给画线的字注上拼音：

例如：数量(liàng)

　　　测量(liáng)

少年	步行	发觉	投降	更换
少数	银行	睡觉	降落	更加
兴旺	积累	时间	传统	节省
高兴	劳累	间接	自传	反省
漂流	便利	率领	相同	要求
漂亮	便宜	效率	相貌	险要

五、下列各字分别代表几个词，请说明它们的读音和意义，并造句：

例如：还——还[1] hái，意义是仍旧，如“她还那么年轻。”

　　　　　　还[2] huán，意义是归还，如“去图书馆还书。”

米——

打——

重——

会——

传——

花——

长——

得——

好——

六、朗读下列各组句子，注意书写形式相同的词或语素的含义，说明读音的不同点：

1. ① 这个人脾气古怪，很难处。
   ② 你有什么难处说出来，大家愿意帮助你解决。

2. ① 他真是个废物，连这么简单的事都做不好。
   ② 为了节约能源，要注意废物利用。

3. ① 他一有空闲就看书，不管什么书他都看，只要有字就行，真是个书虫。
   ② 他现在退休了，在一家工厂看门。

4. ① 失恋以后，他整天无精打采，没精神。
   ② 没想到，他竟然得了精神病。

七、下列词不同的读法，分别代表不同的意思，请具体说明：

例如：东西——dōngxi，泛指各种各样的事物。
　　　　　　dōngxī，表示方向。

老子——

地道——

精神——

滑溜——

合计——

废物——

妻子——

对头——

八、修改下列病句，并说明原因：

1. 他的手指感了染，肿得像红萝卜似的。

2. 学习是无止无境的，只有不畏劳和苦，才能成功。

3. 这次比赛他立功了，大家都夸他的奖。

4. 这件事大家讨过论，没有什么意见。

九、判断下列语言单位哪些是词，在词下划“——”表示：

彩色	疙瘩	红人	红花	白纸	白字
改好	改善	新笔	粉笔	喝醉	陶醉
眼红	脸红	苦头	苦的	剪子	剪刀
剪了	剪过				

十、思考并回答下列问题：

1. 在汉语中，一个字是不是就是一个词？字和词有怎样的对应关系？请举例说明。
2. 什么是词？词有什么特点？请举例说明。
3. 实词和虚词有什么区别？请举例说明。
4. 词和词组有什么区别？请举例说明。

第五章　词的构造

本章术语　语素、成词语素、不成词语素、单纯词、合成词、词根、词缀

本　章　要　点

1. 词是由语素构成的，语素是语言中最小的有意义的单位。
2. 根据组成词的语素的多少，可以把词分为单纯词和合成词。
3. 单纯词大多数是单音节的，但也有多音节的。
4. 合成词的构造类型主要有七种：并列式、偏正式、主谓式、述宾式、补充式、重叠式、附加式。
5. 词缀是特殊的构词语素，它不能自由出现在合成词中的不同位置，没有实在意义，只能表示某种附加意义。
6. 汉语有一些构词能力较强、位置相对固定的语素。

一、构词单位——语素

语素是语言中最小的有意义的单位，是构词的单位。例如：

构成“阳光”这个词的语素是“阳”和“光”。构成“跑”这个词的语素是“跑”。构成“玫瑰”这个词的语素是“玫瑰”两个字。

说“阳”、“光”、“跑”是语素，因为划分到一个字、一个音节，最小了，各自又都有意义，容易理解；说“玫瑰”两个字是一个语素，不容易理解。其实，只要把上面讲的“最小的”和“有意义的”两点结合起来，也就明白了。“玫瑰”已“最小”到不能划分，如果再把它分成“玫”和“瑰”，就没有意义了，“玫”和“瑰”只有合在一起才有意义——一种植物的名称。因此，“玫瑰”也是语言中最小的有意义的单位，是两个字、两个音节合起来表示一个语素。

根据音节数量，语素分为**单音节语素**、**双音节语素**和**多音节语素**。单音节语素是汉语语素的基本形式，如“人”、“口”、“山”、“高”、“了”、“吗”。双音节语素主要是古汉语中的联绵词或是历代从外族语言中借来的音译词，如“徘徊”、“伶俐”、“葫芦”、“葡萄”、“沙发”、“苏打”。多音节语素特指三个或三个音节以上的语素，主要是从外族语言借来的音译词，如：“巧克力”、“迪斯科”、“奥林匹克”。

汉语的语素绝大多数是单音节的，单音节语素与汉字有一定的对应关系，一个单音节语素就是一个汉字。但是，两个音节以上的语素，却是用两个以上的汉字表示一个语素，例如双音节语素“沙发”，“沙”、“发”这两个汉字在“沙发”这个语素中只表示“shā”、“fā”两个音节，不分别标识意义，它们合起来才表示一个意思。

根据语素的构词能力，语素可分为两大类。一类是**成词语素**，即语素本身就能成为一个词。如“人”（人很多）、“高”（他个子高）、“写”（写一本书）等，同时它也能同别的语素结合成别的词，如“人”能同别的语素结合成“人口”、“人间”、“爱人”、“亲人”、“仇人”等词，“写”能同别的语素结合成“写生”、“写照”、“写作”、“描写”、“特写”等词。

另一类是**不成词语素**，如“民”、“机”、“伟”，它们本身不能单独成词，只能同别的语素结合成词。如“民”只能同别的语素结合成“民族”、“民主”、“居民”等，“机”能同别的语素结合成“机场”、“飞机”、“机器”、“缝纫机”等，“伟”能同别的语素结合成“伟大”、“伟人”、“伟绩”、“雄伟”、“魁伟”等。

双音节和多音节语素都能独立成词。单音节语素有两种情况，有的能独立成词，如前面所说的“人”、“高”、“写”等，有的单音节语素不能独立成词，如前面所说的“民”、“机”、“伟”等，它们只能同别的语素组合成词。

根据组成词的语素的多少，可以把词分为**单纯词**和**合成词**。

“人”、“爱”、“跳”、“咖啡”、“迪斯科”、“可口可乐”等由一个语素构成，是单纯词。

“人口”、“爱人”、“留学生”、“市场经济”等由两个或两个以上的语素构成，是合成词。

二、单纯词

单纯词指由一个语素构成的词。有单音节的单纯词，也有多音节的单纯词。

汉语中大多数单纯词都是单音节词，如：

人　踢　美　做　八　千　你　那　的　吗　和

多音节单纯词在汉语中的比重很小，不论是双音节、三音节还是更多音节组成的单纯词，它们的每个音节都不单独表示意义，严格地说它们只是语音的组合。多音节单纯词主要包括以下几类：

（一）联绵词（两个字联缀在一起不能分开来讲的双音节词）

1. 双声（两个音节的声母相同）

蜘蛛　秋千　琉璃　含糊　伶俐　坎坷　吩咐

2. 叠韵(两个音节的韵母或主要元音和韵尾相同)

骆驼　玫瑰　葫芦　糊涂　哆嗦　徘徊　唠叨

3. 非双声叠韵

垃圾　疙瘩　蝴蝶　窟窿　马虎　憔悴

这些词由两个音节组成,联在一起才有意义,不能分开解释各个音节的意义。联绵词数量不多,但在古代诗词中用得较多,因为它有音乐美。

(二) 译音词

沙发　芭蕾　咖啡　马克　胡同　迪斯科　可口可乐

这些词是从其他语言中翻译过来的,根据词的声音选用读音近似的汉字组合而成。这些词中的单个汉字只表示读音而不表示意义。

(三) 拟声词

扑通　形容重物落地或落水的声音

滴答　形容水滴落下或钟表摆动的声音

喀嚓　形容折断、破裂声

叽叽喳喳　形容杂乱细碎的声音

稀里哗啦　形容雨声、建筑物倒塌的声音

这些词借助汉字的读音摹拟自然界现象或物体的声音,汉字本身固有的意义全然消失。

三、合成词

合成词由两个或两个以上的语素组成,组成合成词的语素在意义上有一定的联系,这就有了内部构造的问题。为了讲清这一点,我们先谈词根和词缀,再谈词的构造类型。

根据语素在构成的合成词中的意义和位置,可将语素分为词根和词缀。词根是有实在意义、能自由出现在合成词中的不同位置的语素,如:

人——人民　人口　人类　爱人　恩人　游人　主人公

勇——勇敢　勇猛　勇气　义勇军　英勇　神勇　奋勇

选——选拔　选票　选择　选举　大选　竞选　候选人　优选法

词缀是没有实在意义、不能自由出现在合成词中的不同位置的语素。只能出现在词根前面的词缀叫前缀,只能出现在词根后面的词缀叫后缀,如:

老——老师　老婆　老虎　老鼠
子——桌子　椅子　刀子　胖子
儿——画儿　盖儿　那儿　花儿

根据词根之间、词根和词缀之间结合的情况，合成词的构成方式可以分为并列式、偏正式、主谓式、述宾式、补充式、重叠式和附加式七种类型。其中前六种是由词根加上词根构成的，最后一种是由词根加上词缀构成的。

(一）合成词的构造类型

1. 并列式（联合式）　在意义上前一个语素和后一个语素地位平等。如：

a. 朋友　道路　离别　答应　依靠　如同
　爱好　伟大　孤独　寒冷　美丽　富裕

b. 大小　长短　开关　买卖　东西　出入
　来往　得失　生死　呼吸　高低　多少
　深浅　反正　横竖　迟早　早晚　先后

c. 骨肉　手足　眉目　口齿　江山　耳目
　领袖　手脚　嘴脸　口舌　心血　江湖

d. 忘记　国家　人物　窗户　甘苦　好歹　是非

构成 a 组的两个语素意义相同或相近。

构成 b 组的两个语素意义相反。

构成 c 组的两个语素意义相关，都属于同一类事物。值得注意的是，由相关语素构成的合成词，词义往往不是语素义的直接组合。如："骨肉"不是骨头和肉，而是指父母兄弟子女等有血缘关系的亲人。"手足"不是指手和脚，而是指弟兄。"眉目"指容貌。"口齿"指发音。"江山"指国家和国家政权。"耳目"指替人打听消息、了解情况的人。"领袖"指领导人。"手脚"指举动、动作。"嘴脸"指言语行动表现出来的样子（一般是贬义）。"口舌"指纠纷和争吵。"心血"指心思和精力。"江湖"泛指四方各地。

d 组的合成词虽然也由两个语素组成，但其中一个语素的意义消失。如："忘记"中的"记"，"国家"中的"家"，"人物"中的"物"，"窗户"中的"户"，"甘苦"多指"苦"，"好歹"多指"歹"，"是非"多指"非"。意义消失的那个语素，在构词上只起陪衬的作用。

2. 偏正式　在意义上前一个语素修饰限制后一个语素，以后一个语素的意义为中心构成词义。如：

a. 黑板　白酒　象牙　内科　皮鞋
　飞机　毛笔　白菜　绿茶　葡萄酒

b. 热爱　痛恨　迟到　轻视
　公审　公演　静坐　高涨

c. 冰凉　火热　笔直　冰冷
　草绿　雪白　枣红　银灰

a 组中的词都是名词，前一个语素说明后一个语素的特征。b 组的词是前一个语素限制后一个语素。c 组的词的词义带有浓厚的修饰色彩，有“像……一样”的意思。“冰凉”不是“冰很凉”，而是“像冰一样凉”的意思。“火热”不是“火很热”的意思，而是“像火一样热”的意思。“草绿”不是“草很绿”，而是“像青草一样绿而略带黄的颜色”。

3. 主谓式　在意义上前一个语素是陈述的主体，后一个语素说明前一个语素的情况。如：

a. 地震　眼花　耳鸣　政变　日食
b. 性急　心虚　肉麻　自愿　年轻　面熟　耳熟
　口重　心酸　胆怯
c. 心疼　眼红　自卫　情愿　目击

a 组的词都是名词，b 组的词都是形容词，c 组的词都是动词。

4. 述宾式　在意义上前一个语素表示某种动作行为，后一个语素表示动作行为支配、关涉的对象。如：

a. 伤心　失眠　怀疑　失踪　刹车　跳水
　失望　担心　开幕　提议　出口　剪彩
b. 知己　司机　管家　立夏　护膝
c. 刺眼　醒目　悦耳　动人　顺眼　刺耳

a 组的词都是动词，b 组的词都是名词，c 组的词都是形容词。

5. 补充式　在意义上前一个语素为主，后一个语素补充、说明前一个语素。如：

a. 说明　改善　扩大　提高　缩小　减少

推翻　揭穿　打倒　割断　扭转　鼓动

b. 车辆　书本　马匹　船只　枪支　事件　纸张　人口

a 组词中的前一个语素表示某种动作行为，后一个语素补充说明动作行为的结果和趋势。b 组的前一个语素是名词性的，后一个语素作为前一个语素的计量单位，在这里只起补充作用，使整个合成词成为表示总称的名词，例如"车辆"是"车"的总称，就不能指若干辆车，不能说"一辆车辆"、"几辆车辆"。

6. 重叠式　重叠同一个语素。如：

爸爸　叔叔　弟弟　姐姐　星星　舅舅　常常　刚刚

这些词的意义同单个语素的意义一样。

7. 附加式　由词根加上词缀构成的合成词。词根体现词的基本意义，词缀表示某种附加意义。根据词根和词缀的不同位置，附加式有两种情况：

(1) 前缀＋词根

［老～］老师　老婆　老外　老乡　老板　老总

"老"意义模糊：老鼠　老鹰　老虎　老百姓

加在表示排行的语素前，表示出生次序：老大　老三　老幺

加在姓前，表示对人的称呼：老张　老李

前缀"老"构成的词都是指人或动物、植物的名词。注意不要把它同作词根的"老"混淆。"老人"、"老大爷"的"老"是"年龄大"的意思，"老式"的"老"是"旧"的意思，都是词根。

［阿～］加在某些表示亲属名称的语素前：阿姨　阿爸　阿婆　阿哥

加在名字之前：阿毛　阿 Q　阿宝

前缀"阿"构成的一般是指人的名词，有亲昵或尊敬的意味。

［第～］加在数字前表示次序：第一　第三

前缀"第"是现代汉语序数的标志，它只能作构词材料，不能作造句材料。注意要把它同当词根的"第"区别开。"落第"、"及第"中的"第"是"科第"的意思，"府第"、"宅第"的"第"是"大宅子"的意思，都是词根。

［初～］加在数字一到十前，表示中国农历每月的前十天：初一　初二　初十

前缀"初"表示时间的顺序，它和前缀"第"的性质相同，只能作构词材料，不能作造句材料。要注意把它同当词根的"初"区别开。"初试"、"初恋"、"初婚"、

“初赛”、“初版”中的“初”是“第一次”的意思，“初等”、“初级”中的“初”是“最低的（等级）”的意思，都是词根。

(2) 词根＋后缀

［～子］加在某些名词后，仍表示名物：桌子　帽子　鞋子　屋子　勺子
加在某些动词后，使它名物化：刷子　剪子　夹子　推子　拍子
加在某些形容词后，使它名物化：胖子　傻子　聋子　瞎子　疯子
加在某些量词后，使它名物化：本子　册子　个子　日子　条子

词根加后缀“子”都表名物。后缀“子”有帮助构成名词的语法作用，它只能放在词根后面，读轻声。要注意同当词根的“子”区别开。“父子”的“子”是“儿子”的意思。“鱼子”的“子”是“卵”的意思。这些词中的“子”都有实在意思，不读轻声，是词根。

［～儿］加在某些名词后，有表示小的感情色彩：花儿　帽儿　瓶儿　壳儿　鸟儿
加在某些动词、形容词后，使它名物化：盖儿　塞儿　短儿　亮儿　尖儿
加在某些量词、代词后，使它名物化：个儿　本儿　片儿　这儿　那儿

词根加后缀“儿”绝大多数都表名物。要注意把它同作词根的“儿”区别开来。“婴儿”、“儿童”中的“儿”是“小孩子”的意思。“儿孙”、“儿媳”中的“儿”是“儿子”的意思。“男儿”、“健儿”中的“儿”是“年轻人”的意思。这些词中的“儿”不读轻声，是词根。

［～头］加在某些名词后，仍表示名物：木头　石头　锄头　前头　砖头
加在某些动词后，使它名物化：想头　盼头　奔头　来头
加在某些形容词后，使它名物化：甜头　苦头　准头

后缀“头”有构成名词的语法作用，读轻声。要注意把它同当词根的“头”区别开。“光头”中的“头”是“脑袋”的意思。“船头”的“头”是“物体的前端”的意思。这些词中的“头”不读轻声，是词根。

［～家］加在某些指人的名词后面，表示属于那一类人：女人家　老人家　姑娘家　孩子家

后缀“家”构成的一般是指人的名词，读轻声。要注意把它同当词根的“家”区别开。“安家”、“回家”的“家”是“家庭”或“家庭的住所”的意思，“作家”、“画家”、“科学家”、“艺术家”中的“家”是“专家”的意思。

［～然］构成形容词或副词：突然　猛然　安然　茫然　了然　坦然　泰然

后缀"然"有构成形容词和副词的语法作用。后缀"然"是从古代汉语中的表示"……的样子"的"然"发展过来的，例如"寂然"是"寂静的样子"的意思，"默然"是"沉默无言的样子"的意思，"悚然"是"害怕的样子"。所以，后缀"然"跟其他后缀不同，它不读轻声，还保留着原来的声调。

［～乎乎］圆乎乎 胖乎乎 臭乎乎 热乎乎

［～溜溜］酸溜溜 灰溜溜 细溜溜 光溜溜

［～腾腾］热腾腾 慢腾腾

［～滋滋］美滋滋 乐滋滋

以上这些后缀是一些有一定表义作用和表情作用的叠音成分。这些叠音成分主要加在形容词后面，叠音成分本身没有实在的意义，主要是加强形容词的意义和感情色彩，使形容词生动形象化，带有明显的口语色彩。值得注意的是，同一个形容词加上不同的叠音成分，意义和用法会有不同。如：

黑压压　形容密集的人或东西：广场上，黑压压的站满了人。

黑油油　形容黑得发亮：黑油油的头发。

黑糊糊　①形容颜色发黑：两手油泥，黑糊糊的。②形容光线昏暗：屋子里黑糊糊的。③形容人或东西多，从远处看模糊不清：远处是一片黑糊糊的树林。（"黑糊糊"也可以写作"黑乎乎"。）

冷冰冰　①形容不热情或不温和：脸色冷冰冰的。②形容物体很冷：冷冰冰的石凳。

冷清清　形容冷落、幽静、凄凉、寂寞：商店里冷清清的，没有客人。

乐滋滋　形容因为满意而喜悦的样子：他听得心里乐滋滋的。

乐呵呵　形容高兴、面带笑容：他一天到晚都乐呵呵的。

形容词加上了叠音成分后，用法与一般形容词不同，在句中这些词后面一般要加上"的"，如"她的头发黑油油<u>的</u>"、"太阳落山了，地上还是热腾腾<u>的</u>"。

以上讲到的合成词，都是由两个语素构成的，都只有一层结构。其实汉语中还有很多由多个语素构成的合成词，它们的结构是多层次的，如：

"图书馆"："图书"和"馆"之间是第一层结构，是偏正式；"图"和"书"之间是第二层结构，是并列式。

"老百姓"："老"和"百姓"之间是第一层结构，是附加式；"百"和"姓"之间是第二层结构，是偏正式。

上面讲了合成词的各种构造类型。为了便于大家掌握，我们把这个内容总结成下表：

合成词	词根＋词根	1. 并列式：寒冷、买卖、口齿
		2. 偏正式：黑板、热爱、冰冷
		3. 主谓式：地震、年轻、国营
		4. 述宾式：失望、开幕、放心
		5. 补充式：减少、割断、车辆
		6. 重叠式：爸爸、叔叔、常常
	词根＋词缀	7. 附加式：老师、盖子、石头

（二）一些构词能力较强、位置相对固定的语素

汉语有一些语素，它们像词缀一样只出现在其他语素的前面或者后面，在合成词中的位置相对固定，如“作家”、“画家”、“艺术家”、“外交家”中的“家”，“记者”、“作者”、“编者”、“强者”中的“者”，“可爱”、“可恨”、“可怜”、“可惜”中的“可”，但是它们的意义又不像词缀那样虚化，意义还比较实在，“家”表示有专长或从事专门活动的人，“者”指人，“可”表示值得的意思。

这些语素的性质介于词根和词缀之间，构词不太自由，位置比较固定，但又有一定实在意义。从这种语素的意义没有完全虚化这个角度说，我们倾向于认为这些语素是一类特殊的词根，是构词能力较强、位置相对固定的语素。

下面我们介绍一些这种特殊的语素。由于这些语素的构词能力较强，所以了解并掌握它们对扩大词汇量有一定帮助。

［可～］表示值得的意思，有肯定的语气。

可爱 可恨 可恶 可怜 可悲 可怕 可笑 可惜 可耻 可靠 可疑 可取

语素“可”构成的词一般是形容词，如“可爱”、“可恨”等，也有既是形容词，又是动词的，如“可怜”可以是形容词（她太可怜了），也可以是动词（你可怜他，他才不可怜你呢）。

［反～］表示反对或相反。

反浪费　　反封建　　反腐败　　反作用

语素“反”从动词“反”演变而来。英语有词头“anti-”和“counter-”，意义和用法同汉语的语素“反”相似。“反封建”，英语是“anti-feudal”，“反作用”，英语是“counter-action”，词的结构和汉语相同，很可能汉语是受英语影响而产生构词能力较强的语素“反”的。

［非～］表示否定、不属于某种范围。

非常　非法　非凡　非命　非重点　非正式　非金属

“是”表示肯定判断，“不是”表示否定判断，在古代文言中，“不是”就用“非”表示。语素“非”是从古代否定判断词“非”演变而来的。

［见～］用在动词前面表示对我怎么样。

见怪　见笑　见谅　见罪　见教

语素“见”是从古代文言的表示被动的“见”演变而来。语素“见”构成的词都是动词。这种动词一般不带宾语，隐含的宾语是指说话人自己。“见怪”是责备、怪（我）的意思，如“请不要见怪”。“见笑”是笑话（我）的意思，如“唱得不好，请不要见笑”。“见谅”是原谅（我）的意思，如“请多多见谅”。“见罪”是怪罪（我）的意思，如“失礼失礼，请勿见罪”。“见教”是指教（我）的意思，如“你对此有何见教”。这些由语素“见”构成的词，有一个共同的特点，即两个音节的声调相同，都是第四声。

［～者］指人。

记者　作者　读者　编者　学者

演奏者　劳动者　爱好者　侵略者　胜利者　当局者　革命者

强者　弱者　老者　长者

语素“者”主要构成指人的名词。它有自己特殊的作用，上面这些例子一般不能用别的指人的语素替换。如“作者”和“作家”是有区别的，不能相互代替。“作者”指文章或著作的写作者，艺术作品的创作者。“作家”指从事文学创作有成就的人。

［～家］指有专长或从事专门活动的人。

作家　画家　科学家　艺术家　思想家　政治家　外交家　哲学家

语素“家”一般构成指人的名词。

［～员］指人。

党员　团员　队员　会员　（指团体或组织中的成员，不读轻声）

教员　演员　学员　议员　服务员　裁判员　通讯员　指挥员　观察员（指工作或学习的人，不读轻声）

语素“员”构成指人的名词。要注意同词根“员”区别开。“满员”、“定员”中的“员”表示数额，是词根。

［～士］指人。

护士　医士　助产士　院士　博士　硕士　学士　（指有某种技术或

职称的人）

勇士　烈士　谋士　　名士　武士　女士　人士　（对人的美称）

语素“士”构成指人的名词。它是从古代汉语中的“士”演变过来的。古代“士”是一个词，指未婚男子、读书人以及介于大夫和庶民之间的阶层。现代汉语“士”已经不能当词用了，是指人的语素。

［～手］指擅长某种技能的人或做某事的人。

能手　歌手　猎手　　水手　神枪手　多面手

快手　新手　老手　　助手　打手　帮手　扒手

语素“手”构成指人的名词。它其实是用人的手借代人，是“手”这个词的借代用法。用“手”构成的词在现代汉语中非常多。要注意同词根“手”区别开。“左手”、“手套”、“手表”中的“手”表示的是“手”的本义，表示人体的上肢，是词根。

以上这些都是构词能力很强的指人的语素。除此之外，还有：

［～生］医生、学生、研究生、留学生、考生、书生、武生

［～师］医师、厨师、工程师、理发师、美容师、律师、教师、讲师

［～汉］好汉、硬汉、懒汉、醉汉、单身汉、门外汉

［～夫］农夫、挑夫、船夫、懦夫

［～迷］球迷、舞迷、戏迷、财迷

［～族］上班族、工薪族、打工族、追星族

［～鬼］酒鬼、烟鬼、冒失鬼、胆小鬼、讨厌鬼

这些指人的语素也有较强的构词能力。

［～性］指抽象的性质和思想感情。

艺术性　逻辑性　思想性　准确性　创造性　可能性　严重性

重要性　可行性　可读性　可塑性　一次性

语素“性”一般构成抽象的名词。如“艺术性”、“思想性”等，现代汉语语素“性”的构词能力有增强的趋势，如“一次性”、“可行性”等都是近年来新出现的词。

［～化］加在名词和形容词的后面构成动词，表示转变成某种性质或状态。

美化　绿化　丑化　深化　僵化　淡化 优化　净化　老化

现代化　工业化　自动化　大众化　白热化

老龄化　男性化　国际化　法制化　标准化

语素“化”一般构成动词，但有的也可以转化为名词、形容词。在现代汉语中语素“化”的构词能力有增强的趋势，如“老化”、“老龄化”、“国际化”等都是新出现的词。

［～热］指某种热潮。

足球热　旅游热　下海热　自学热　出国热

［～坛］指文艺界或体育界。

影坛　足坛　画坛　泳坛　文坛　球坛

［～盲］指不了解某种事物的人。

法盲　股盲　科盲　乐盲

以上几个构词能力较强的语素都是近年来新出现的。从现代汉语词汇发展趋势看，部分词根有词缀化的倾向。即一些词根原来实在的意义逐渐虚化，在构词中位置也逐渐固定，从而成为意义虚化、位置固定的语素，如“热”、“坛”等，它们的构词能力有逐步增强的趋势。

练　习

一、指出下列汉字哪个是语素（在语素下画“—”）：

跳　红　们　垃　圾　了　很　尴

尬　的　目　玻　璃　你　上

二、说明下列各词由几个语素构成：

美丽　探戈　乒乓　老师　快乐　阿姨

蜘蛛　老虎　逻辑　柜子　图书馆　麦当劳

摩托车　留学生　奥林匹克　稀里哗啦

三、指出下列各词哪个是单纯词，哪个是合成词（在单纯词下面划“—”，在合成词下面画“＝”）：

沙滩　沙发　伶俐　喇叭　秋千　秋天

电视　钢琴　溜达　达到　可口　拷贝

茶杯　尼龙　美元　多少　胡同　嗦

葡萄牙　摩托车　巧克力　英格兰　加拿大

轰隆隆　可口可乐　澳大利亚　叽叽喳喳

四、指出下列单纯词中哪些是联绵词(画“—”),哪些是音译词(画“=”),哪些是拟声词(画“…”):

胡同	逻辑	咖啡	垃圾	哆嗦	扑通
唠叨	糊涂	卡通	马虎	玫瑰	骆驼
迪斯科	轰隆隆	白兰地	可口可乐	稀里哗啦	唧唧喳喳

五、分析下列合成词的构造类型,按要求进行归类:

破产	胆怯	公路	朋友	剪彩
姑姑	老乡	改善	寂然	加强
热爱	弱小	片儿	编译	证实
出版	房间	弟弟	鸽子	瞎子
粗心	个性	马匹	心疼	

并列式——

偏正式——

主谓式——

述宾式——

补充式——

重叠式——

附加式——

六、在横线上填字,按要求组成合成词:

1. 组成并列式合成词:

遭________　　长________　　夺________　　买________

________留　　________别　　________家　　________关

2. 组成偏正式合成词:

热________　　粉________　　痛________　　大________

________鞋　　________画　　________酒　　________服

3. 组成主谓式合成词:

心________　　肉________　　日________　　眼________

________震　　________怯　　________轻　　________急

4. 组成述宾式合成词:

毕________　　吹________　　________谣　　________耻

________心　　________资　　________人　　________果

5. 组成补充式合成词：

提________　　减________　　书________　　车________

________断　　________明　　________件　　________匹

6. 组成附加式合成词：

胖________　　木________　　盖________　　个________

________三　　________板　　________姨　　________虎

七、下列合成词中分别含有“老”、“子”、“儿”、“头”等语素，请指出哪些是词缀（画“—”），哪些是词根（画“＝”），是词根的话，又表示什么意思？

老——老小　老大　老鼠　老式　老师　老头

子——瓜子　肚子　鱼子　盘子　老·子　老子　父子

儿——宠儿　花儿　婴儿　幼儿　画儿　棍儿

头——舌头　甜头　砖头　平头　布头　念头

八、后缀“子”加在某些不是名词的词后面，能使这些词变成名词。请举例说明：

九、后缀“儿”加在某些不是名词的词后面，能使这些词变成名词。请举例说明：

十、汉语指人的语素很多，但意义并不完全相同。请说明下列各组词在意义上的区别：

1. 作家——作者

2. 歌手——歌迷

3. 学生——学者——学士

4. 观察家——观察者——观察员

十一、请写出汉语中5个构词能力较强的指人的语素，说明它们的意义是否完全一样，并分别用这5个语素构词(至少4个)：

1.

2.

3.

4.

5.

十二、思考并回答下列问题：

1. 什么叫语素？它和词有什么关系？和词有什么不同？
2. 单纯词和合成词有什么不同？
3. 单纯词是不是都是单音节的？请举例说明。
4. 合成词的构造方式有几类？请举例说明。
5. 汉语词的构造与你的母语的词的构造有什么相同的和不同的地方？
6. 你的母语中有没有词缀？它们与汉语的词缀有什么相同的和不同的地方？

第六章　词的意义(上)

本章术语　词义、概念义、附属义、感情色彩、语体色彩、褒义词、贬义词、书面语、口语、义项、单义词、多义词、本义、基本义、引申义、比喻义

本　章　要　点

1. 词义包括概念义和附属义两方面内容。概念义是客观事物在人脑中概括反映后形成的意义,是词义的基本成分。附属义是词在表示客观对象的同时,带有的感情色彩和语体色彩等。
2. 词的感情色彩可以分为褒义、贬义和中性三种类型。可以根据词缀、词的概念义和词的构造形式判断词的感情色彩。
3. 词的语体色彩可以分为书面语、口语和通用语三种类型。可以根据词的语音形式和构词成分判断词的语体色彩。(以上见第一节)
4. 一个词有多少个义项,可以根据这个词在运用中的共同点归纳确定。
5. 词的义项不仅是词义的单位,也是词义用法的单位。掌握了多义词的一个义项并不等于掌握了这个词,学习新的义项应该像学习新词一样去学习。(以上见第二节)
6. 多义词的各个义项不仅意义不同,性质也不同,有的是本义,有的是基本义,有的是引申义,有的是比喻义。
7. 多义词的存在是句子产生歧义的原因之一。(以上见第三节)

第一节　词义的内容

一、什么是词义

词是音和义的结合体。词的声音是词的外在形式,词义则是词的内在内容,它是客观事物的反映。例如"电视台"这个词,它的语音形式是"diànshìtái",它的词义是"播送电视节目的场所和机构"。

一个词的意义主要包括两方面内容。第一是概念义,它是客观事物在人脑

中概括反映后形成的意义，是词义的基本成分。如："战士"和"大兵"的概念义都是"军队中的最基层成员"，"吝啬"和"小气"的概念义都是"过分爱惜自己的财物，当用不用"。第二是附属义，它指词在表示客观对象的同时，带有的感情色彩和语体色彩等。感情色彩包括褒义、贬义和中性三种，语体色彩包括书面、口语和通用三种。如："大兵"的感情色彩是贬义的，"战士"的感情色彩是褒义的，"吝啬"的语体色彩是书面的，"小气"的语体色彩是口语的。

词的概念义和附属义有所不同。概念义的"义"是词所标志的客观对象的一般本质特点的反映，各个词的概念义千差万别，概念义有特定的语音形式同它联系；附属义的"义"反映的不是词所标志的客观对象的一般本质特点，只是表明运用者的主观态度或词的运用场合，词的附属义只有有限的几种类型。

我们可以用下表来表示词义的内容：

词	词义						
		附属义					
	概念义	感情色彩			语体色彩		
		褒义	中性	贬义	书面	通用	口语
电视台	播送电视节目的场所和机构		√			√	
战士	军队中的最基层成员	√			√		
大兵	军队中的最基层成员			√			√
吝啬	过分爱惜自己的财物，当用不用			√	√		
小气	过分爱惜自己的财物，当用不用			√			√

词的概念义是构成词义的基本成分，要掌握词义，首先应该掌握词的概念义。词典一般对词的概念义有较详细的说明，我们可以利用《现代汉语词典》来了解词的概念义。而词典一般对词的附属义很少说明，所以下面我们重点介绍词的附属义。

二、词的附属义

词的附属义又可以叫词的附属色彩。这里我们主要介绍词的感情色彩和语体色彩。

（一）感情色彩

1. 感情色彩的类型

感情是人们对客观对象的态度或感受。肯定(一般也叫"褒")和否定(一般也叫"贬")的态度,就是感情的两大类型。人们经常不是用语言,而是用表情、眼神、手势、动作等来表示感情。例如:高兴时眉开眼笑,手舞足蹈;伤心时紧皱眉头,无精打采等。语音的高低、快慢、强弱的变化,说话的不同语调,都可以表示不同的感情色彩。例如,问:"画得好不好?"答"好!"如果答话语调是重、强,则表示称赞、肯定,是褒。如果声音有不正常的变异,则是反话,表示否定,是贬。

词也有一定的感情色彩。词在指称客观事物或现象时表达的人们对该事物或现象的爱憎、褒贬等感情,就是该词的感情色彩。词的感情色彩可以分为褒义、贬义和中性三种类型。

凡是表达了赞美、喜爱、亲近、仰慕等感情的词,我们认为这些词的感情色彩是褒义的,是褒义词。如:

英雄　珍品　漂亮　温柔　活泼　牺牲　贡献　伟大　诚实

凡是表达了贬斥、厌恶、轻蔑等感情的词,我们认为这些词的感情色彩是贬义的,是贬义词。如:

小人　财迷　丑陋　愚蠢　凶恶　粗糙　刺耳　虚伪　懒惰

凡是既不表示肯定,也不表示否定,既没有赞美、喜爱,也没有厌恶、贬斥等感情的词,我们认为这些词的感情色彩是中性的,是中性词。大部分的词都不带有固定的感情色彩,是中性词。如:

人　草　吃　国家　世界　宇宙　学习　计算机　杂志　比赛

2. 如何判断词的感情色彩

(1) 根据词的概念义来判断

绝大多数的词的感情色彩是渗透在概念义当中的,由概念义自然而然地体现出来。如:"美"是指美丽、美好,这意义就决定了"美"这个词具有赞美、喜爱的感情色彩,而"丑"指难看、丑陋,这意义也决定了"丑"这个词具有厌恶的感情色彩。"美"的褒义倾向和"丑"的贬义倾向完全是由概念义决定。其他如"英雄"、"珍品"、"漂亮"、"温柔"、"小人"、"愚蠢"、"凶恶"等词的感情色彩都可以根据它们的概念义来判断。

值得注意的是,在语言发展过程中,如果某个词和其他词相结合构成新词,那么这个词会带着它本身的情感倾向进入新词,从而影响新词的感情色彩。例如,"美"是褒义词,由"美"构成的词绝大多数也是褒义的,如"美称"、"美德"、"美感"、"美观"、"美好"、"美化"、"美景"、"美酒"、"美丽"、"美满"、"美貌"、"美妙"、"美名"、"美女"、"美人"、"美味"、"美言"、"健美"、"精美"、"俊美"、"甜美"、

“完美”、“鲜美”、“秀美”、“优美”、“赞美”、“壮美”等。只有少数几个词是中性词，如“美术”、“美工”、“美学”、“美元”、“美洲”等。而由“丑”构成的词绝大多数是贬义词，如“丑恶”、“丑化”、“丑陋”、“丑态”、“丑闻”、“丑八怪”、“出丑”、“丢丑”等。

（2）利用词缀来判断

有些由词根加词缀构成的词，我们可以根据词缀来判断。

A. 前缀

前缀“老”加在有关人的称谓之前，一般表示亲切、尊敬的意味，如：

老张　　老李　　老兄　　老弟

鲁迅的小说《阿Q正传》中，赵太爷怕阿Q革命革到他的头上，为向阿Q讨好，就曾以“老Q”称呼他，表示亲切。但是，并不是所有带有词缀“老”的词都表示这样的感情色彩，如“老鼠”、“老虎”等。

前缀“阿”加在有关人的称谓之前，一般也表示亲近、喜爱的意味，如：

阿姨　　阿哥　　阿妹　　阿香

B. 后缀

后缀“儿”可以构成表示喜爱意味的词，如：

小孩儿　　风儿　　鸟儿　　花儿

后缀“子”可以构成表示厌恶意味的词，如“疯子”、“鬼子”、“老头子”，但不是所有用“子”构成的词都是贬义，如“桌子”、“椅子”等就只是中性词，不表示任何感情色彩。

某些形容词性的词根加上三音节后缀“不～～”后，一般都有厌恶的意味。如：

白不拉叽　酸不拉叽　甜不拉叽　香不拉叽　脏不拉叽　俗不拉叽
黑不溜秋　灰不溜秋　酸不溜丢
白不呲咧　滑不唧唧　花不棱登（形容颜色杂乱）

不管具有什么感情色彩的词根带有“不拉叽”这个后缀后，一般都表示贬义。如“白不拉叽”、“酸不拉叽”中的“白”和“酸”，它们本身都具有中性色彩，和“不拉叽”结合成新词后，变成了贬义。“香不拉叽”、“甜不拉叽”中的“香”和“甜”，本具有褒义色彩，与“不拉叽”结合后变成了贬义。“脏不拉叽”、“俗不拉叽”中的“脏”和“俗”本身就具有贬义，和“不拉叽”构成新词后，仍然保留了这种色彩。“不溜秋”、“不溜丢”、“不呲咧”、“不棱登”等词缀也带有厌恶的感情色彩，但用得似乎没有“不拉叽”普遍。

值得注意的是，即使是可以显示感情色彩的词缀，其中的绝大多数并不是专门用来体现感情色彩的，它们往往有多种功能，其中相当突出的一点是适应词的双音节化的需要。如“老鼠”、“桌子”中的“老”、“子”就是如此。“胖子”、“扣子”中的“子”是适应词类转化的语法作用的需要。只有像“甜不拉叽”、“酸不溜丢”中的“不拉叽”、“不溜丢”等是专门体现感情色彩的词缀，然而这种专职词缀在汉语中很少。

（3）利用词的构造形式来判断

一些单音节形容词的重叠式作句子的定语或谓语时，往往带有喜爱的感情色彩。如“圆”、“胖”、“红”、“亮”、“大”、“高”等都是中性词，但是它们重叠以后作句子的定语和谓语时却带有喜爱、亲热的意味，如：

圆圆的脸蛋。（作定语）

胖胖的小手。（作定语）

弯弯的眉毛、大大的眼。（作定语）

脸儿红红的，眼睛亮亮的。（作谓语）

个子高高的。（作谓语）

3. 掌握和使用词的感情色彩时要注意的几个问题

（1）多义词可能具有多种感情色彩

我们前面说某个词具有什么样的感情色彩是针对这个词的某个意义来说的。对只有一个意义的单义词来说，感情色彩对应于整个词的意义；对于有多个意义的多义词来说，它就不是对应于词而是对应于词的某个义项了。如：

骄傲　①自以为了不起，看不起别人。②自豪。③值得自豪的人或事物。

东西　①泛指各种具体的或者抽象的事物。②特指人或动物（多含有厌恶或喜爱的感情）。

老婆子　①年老的妇女（含厌恶义）。②丈夫称妻子（用于年老的）。

老头子　①年老的男子（含厌恶义）。②妻子称丈夫（用于年老的）。

以上例词每个义项都有不同的褒贬义。“骄傲”第一个意义是贬义，第二、第三个意义是褒义。“东西”第一个意义没有特定的感情倾向，第二个意义具有或褒或贬的感情色彩。“老婆子”、“老头子”作为一般的泛称，有厌恶的感情色彩，而作为专门的称呼，则带有亲昵的感情色彩。实际上这是反语的修辞手段在意义引申中的一种固定化表现。

（2）有一些词词义基本相同，但感情色彩不同。如：

褒	中	贬
战士	士兵	大兵
老大爷	/	老不死的
雄心	/	野心
理发师	理发员	剃头的
成果	结果	后果
	长相	嘴脸
	同意	附和

这些其实是感情色彩不同的同义词。在造句时要注意选择与句子感情色彩一致的词。如问路的时候，遇到一位老人，如果问："老头子，请问去北京语言文化大学怎么走？"就很不合适，因为"老头子"表示一般老人时是贬义，用"老头子"称呼老人很不礼貌，应该用同义的褒义词"老大爷"、"老先生"或"老师傅"等。

（3）词的感情色彩是就词的一般情况而言的，在实际语言运用中，也有故意违反词原有的感情色彩进行超常表达的情况，构成"反语"。如：

a. 啊，不简单，星期三之后是星期四，这你都知道，真聪明。

b. 徐徐的晚风，明亮的星星，有趣的新闻都不能把这个"书呆子"从闷热的小屋里吸引出来。

"聪明"原来褒义词，这里用作贬义，表达讽刺、挖苦的意味。"书呆子"指脱离实际只知道读书本的人，是贬义词，但在这里却表达出作者对这种人的欣赏和赞美。

（二）语体色彩

1. 语体色彩的类型

有些词由于经常在特定的语体中使用，便带上了某种语体所特有的色彩，主要包括口语色彩和书面语色彩。

有口语色彩的词往往在口头上使用较多，有通俗、活泼、生活气息浓厚的特点，是我们一般所说的口语词，如：

啰嗦　小气　打听　挖苦　溜达　聊天　鼻子

老人家　酒鬼　黑糊糊　红扑扑　酸不拉叽

有书面语色彩的词大多是通过文字记录流传下来的词语,有庄重、文雅、严肃的特点,是我们一般所说的书面语词,如:

吝啬　慷慨　飞翔　询问　嘲讽　洗涤　下榻

批示　阁下　获悉　此致　然而　假若　邂逅

绝大多数的词语可以通用于各种语体,是通用语词,如:

山　水　人　跑　走　跳　红　高　胖

散步　商量　杂志　电脑　银行　图书馆

2. 如何判断词的语体色彩

学习汉语词语时,在各种场合进行交际时必须把握词义的语体色彩,做到词的语体色彩和交际场合相一致。如果通俗、生活气息浓厚的口语词用于一些正式场合,或者庄重、严肃的书面语用于口语,就很不合适,所以判断一个词的语体色彩主要是要判断它是书面语词还是口语词。下面我们主要介绍如何从词的语音形式、构成成分等方面来判断一个词是书面语词还是口语词。

(1) 从词的语音形式判断

在语音形式方面,叠音词、拟声词、轻声词一般具有口语色彩,很少用于庄重、严肃的场合。

叠音词,是用重叠语素的方法构成的词。这样的词给人以亲切之感,所以常常带有口语色彩。如:

通通　单单　明明　宝宝　活活

哭哭啼啼　花花绿绿　慢慢腾腾　大大咧咧　嘻嘻哈哈

另外,一些词的重叠式也多用于口语,很少用于庄重、严肃的场合。如:

高高　胖胖　红红　黑黑　看看

干干净净　高高兴兴　热热闹闹　认认真真　漂漂亮亮

拟声词,是模拟事物声音的词。如:

叮当　沙沙　轰隆隆　哗啦啦　唧唧喳喳　稀里哗啦　噼里啪啦

这些词一般用于口语,庄重、正式的场合很少用。

轻声词,是双音节词中后一个音节的声调读轻声的词。如:

石头　木头　甜头　桌子　刀子

脑袋　对头(指仇敌、对手)合计(表示商量)地道(指真正的、纯粹的)

这些轻声词因为后面的音节的声调读得又轻又短,所以往往显示出某种随便通俗的风格,常常用于口语。

(2) 根据词的构词成分来判断

词的构词成分，即语素的特点，对词的语体色彩的形成会产生一定的影响。

如果词包含了口语化的词缀，它们往往显示出通俗平易的口语色彩。如带词缀“子”、“儿”、“头”、“阿”的词：

鞋子　帽子　胖子　疯子　个子　日子
盖儿　亮儿　风儿　鸟儿　个儿　本儿
木头　前头　盼头　甜头　苦头　来头
阿爸　阿姨　阿哥　阿妹　阿婆　阿宝

带叠音成分构成的后缀的词，如：

冷冰冰　火辣辣　绿油油　黑油油　黑糊糊　黑压压
白茫茫　干巴巴　臭乎乎　甜丝丝　香喷喷　光溜溜
喜洋洋　羞答答　懒洋洋　气呼呼　水汪汪　泪汪汪

带后缀“家”的词，如：

老人家　姑娘家　孩子家　女人家

带语素“鬼”的词，如：

酒鬼　烟鬼　小气鬼　冒失鬼　胆小鬼

如果词中包含了在现代汉语中不能单独使用的语素，那么这类词往往具有文雅的特色，多用于书面语。因为在汉语词汇双音化的过程当中，部分古代汉语单音节词作为构词的语素保留在双音节词中了，在现代汉语中不能单独使用的语素往往是古代汉语中的单音词。所以由这样的语素构成的词会有庄重、文雅、严肃的特点。如：

吝啬　慷慨　销售　购买　贫穷　诞生
询问　查询　目睹　白皙　洗涤　逝世

以上各词中画线的语素都是在现代汉语中不能单独使用的古汉语单音节词。这些词因为包含了这些语素而很少用于日常生活的语言中。

3. 使用词的语体色彩需要注意的问题

词义的语体色彩在词典中不可能完全反映出来，虽然有一些词带有语体色彩的形式标记，可以根据前面我们讲的从词的语音形式和构词成分方面去判断词的语体色彩，但多数词语自身没有标记。因此我们还必须通过大量的语言材料去体会、学习，在实践中把握。

汉语中有些词词义基本相同，但语体色彩不同，如：

书面语	通用语	口语
致歉	道歉	赔不是
嘲讽	讽刺	挖苦
洗涤	洗	——
吝啬	——	小气
——	终于	总算
——	散步	溜达
会晤	会面	——
磋商	商量	合计
月球	月亮	月儿
头颅	头	脑袋
老者	老人	老头儿
父亲	——	爸爸、爸

这些同义词由于语体色彩不同,因此使用场合也不同。

口语总是最贴近人们的日常生活,该用口语词的时候,用了书面语,便会显得严肃、隔膜,从而改变气氛。如书面语词“父亲”和口语词“爸爸”,向人介绍说“这是我爸”同“这是我父亲”相比,后者便严肃、庄重得多,而见面称呼一般只用“爸爸”或“爸”,用“父亲”便会让人觉得有隔阂。

我们在造句时要注意选择合适的词语,否则,即使词的概念义很正确,也会因为词语的语体色彩不当而使表达显得不和谐、不地道。如:

a. 一年当中有很多节日,比如一月有元旦,二月有情人节,三月有国际<u>女人</u>节等等。

b. 我们应该让世界变得更加美好,让人们都可以无忧无虑地<u>过日子</u>。

c. 随着中国改革开放政策的实行,去年韩中两国<u>总算</u>建交了。

第一个句子中的“女人”应该改成“妇女”,“国际妇女节”是一个正式、庄重的节日名称,不能用没有书面色彩的“女人”代替“妇女”。第二个句子中的“过日子”应改为“生活”,“过日子”是口语词,用在这个句子中不协调。第三个句子中的“总算”应改为“终于”,“总算”是口语词,用在这个句子中不协调。

练　　习

一、根据《现代汉语词典》对下列各词的解释，分析下列各词的词义内容：

词	词义		
	概念义	附属义	
		感情色彩	语体色彩
人			
绝色			
来信			
来函			
嘴脸			
嘴皮子			
空（kòng）当			
匮乏			

二、根据词义判断下列各词的感情色彩：

高论　　谬论　　美好　　美满　　学者　　学生

英雄　　小人　　珍品　　骗子　　潦草　　轻信

三、根据下列各词的词缀判断它们的感情色彩：

老兄　　老弟　　鸟儿　　风儿　　花儿

疯子　　鬼子　　头子　　酸不拉叽　　脏不拉叽

黑不溜秋　　灰不溜秋　　花不棱登

四、将下列句中画线的部分换成表示厌恶意味的贬义词（注意句子的语法结构）：

例如：你买的这些苹果还没熟，吃起来很<u>酸</u>。

——你买的这些苹果还没熟，吃起来酸不溜丢的。

1. 这东西太<u>甜</u>，真难吃。

2. 菜里酱油放少了，<u>没有一点颜色</u>，不好看。

3. 这件衣服太<u>花</u>，我不喜欢，我想要一件素一点的。

4. 他不喜欢吃<u>甜</u>的东西。

5. 你怎么总是穿<u>灰色</u>的衣服，看起来好像四五十岁的人一样。

6. 街上小摊卖的东西很<u>脏</u>，你竟然也敢吃！小心拉肚子。

7. 你应该给小孩买颜色鲜艳一点的衣服，这种<u>黑色</u>的衣服对小孩不合适。

8. 刚下过雨，地上很<u>滑</u>，不好走。

五、分析句中画线的词的感情色彩：

1. 他父母为他能取得这样的成绩感到<u>骄傲</u>。
2. 虚心使人进步，<u>骄傲</u>使人落后。
3. 语言这<u>东西</u>，不是随便可以学好的，非下苦功不可。
4. 这小<u>东西</u>(指小孩儿)真可爱。
5. 战犯总是要逮捕的，不能让这些<u>东西</u>逃掉。
6. 他的<u>神气</u>很严肃。
7. 他穿一身军装，显得挺<u>神气</u>。
8. 不就被老板表扬了几句嘛，看把他<u>神气</u>的。

六、找出句子中的口语词(画"———")：

1. 墙上贴着花花绿绿的年画。
2. 傍晚，人们三三两两地在河边散步。
3. 纸上写着密密麻麻的小字。
4. 太阳落山了，地上还是热腾腾的。
5. 窗外传来噼里啪啦的鞭炮声。

七、下列各组词在构词成分方面有什么特点？请分别说明各组词的语体色彩：

1. 阿爸　阿哥　个子　日子　赚头　老人家

2. 醉鬼　烟鬼　酒鬼

3. 胖乎乎　绿油油　黑糊糊　冷清清

4. 洗涤　疲惫　磋商　诚挚　咨询　奔驰

八、分析下列词语的语体色彩，并将同义而语体色彩不同的词写在同一横行：

童年　　日头　　日子　　孩提
老家　　妈咪　　吓唬　　小时候
太阳　　故乡　　压根儿　　赔不是
道歉　　恐吓　　母亲　　根本

书面语	通用语	口语
吝啬		小气

九、用指定的词语改写下列句子：

例如：中国是一个历史很长的国家。（悠久）
——中国是一个历史悠久的国家。

1. 损坏公物要照原价赔。（赔偿）

2. 如果贵公司要我的话，我一定努力为贵公司工作。（聘用、竭尽全力）

3. 那个运动员很高很壮，但动作还是很快。（身高体大、灵活）

4. 这种牌子的空调今年卖得很快。（畅销）

5. 很多人都说这家商店不错。（声誉）

6. 今天的最高气温达到了四十二度，真是一个很热的夏天。（炎热）

7. 刚到这里的那段时间，没有朋友，没有活动，每天除了上课没别的事做，生活没有一点意思。（枯燥）

8. 他是一个值得信任的朋友。（信赖）

9. 听说要举行外国人唱中国歌比赛，很多同学都争着报名参加。（踊跃）

10. 就因为我是女的，你们公司就不要我，这不是看不起妇女吗？（歧视）

十、改正下列病句，并说明原因：

1. 这次汉语节目表演圆满收场。

2. 中国曾试选过一批宇航员，其标准与国际上雷同。

3. 再过几天就是新年了，有的同学建议我们班开一个联欢会，我认为这是个好主意，当即表示附和。

4. 他听到考试通过的消息后，乐得嬉皮笑脸的。

5. 看上去是一个二十来岁的小伙子，嘴脸很端正。

6. 我虽然已经结婚了，有贤慧的妻子、可爱的女儿，可我的生活中总是缺少些什么，那就是爸爱。

7. "老头子，请问去北京大学该怎么走？"

8. 我到他房间的时候，看见他正在跟他的女朋友商谈有关暑假旅游的问题。

9. 拦路抢劫的是位青年，大高个，身穿一件皮夹克。

10. 当汽车开到南京路时，候车的人都上来了。司机又发现前面匆忙跑来一位女同志，她气呼呼地跑上车来，走向司机说："谢谢师傅！"

十一、思考并回答下列问题：

1. 词义包括哪几方面的内容？请举例说明。
2. 词的感情色彩包括哪几种类型？如何判断词的感情色彩？请举例说明。
3. 词的语体色彩包括哪几种类型？如何判断词的语体色彩？请举例说明。

第二节　词义的单位

一、词义的有形单位——义项

一个词可能只有一个意义，也可能有多个意义。我们在讨论词义的时候，往往不是笼统地以词为单位，而是以词的某一个具体的意义为单位。这种意义的单位在词典中是以义项的形式记录下来的。如以《现代汉语词典》对词的释义为例：

电信　利用电话、电报或无线电设备传递消息的通讯方式。

国脚　指入选国家队的足球运动员。

心疼　①疼爱：老太太最～小孙子。②舍不得；惋惜：～钱|瓷瓶摔碎了，老人～极了。

讲究　①讲求；重视：～卫生|我们一向～实事求是。②（～儿）值得注意或推敲的内容：翻译的技术大有～。③精美：房间布置得很～。

“电信”和“国脚”在词典中只有一个义项，说明它们只有一个意义，是单义词。“心疼”和“讲究”在词典中有多个义项，说明它们有多个意义，是多义词。一般来说，词典经过细致分析后得到的义项，就是词义的最小单位，是词义的有形单位。

一个词有多少个义项，是根据这个词在运用中意义的共同点归纳确定的。例如“想”可以在以下各句中运用：

a. 这件事你无论如何要帮我想个办法。

b. 我想他今天可能不会来了。

c. 寒假我想去香港。

d. 来中国一个月了，我非常想家。

e. 他的名字我怎么也想不起来。

f. 在公司工作太累，明年我想换一个工作。

上面a、e中的“想”表示“思考；开动脑筋”，可以确定为一个义项。b中的“想”表示“认为；推测”，可确定为一个义项。c、f中的“想”表示“希望；打算”，可以确定为一个义项。d中的“想”表示“想念”，也可以确定为一个义项。再如“平常”可以出现在以下句子中：

a. 他虽然身体不好，但平常很少请假。

b. 他平常很少在家。

c. 这些话虽然平常，意义却很深刻。

d. 节假日加班对他来说是平常的事。

上面a、b中的“平常”指“平时，一般、通常的时候”，可以确定为一个义项。c、d中的“平常”指“普通；不特别”，也可以确定为一个义项。

以上所说的是**词义义项**的确定。另外，合成词中的语素也可以概括出不同义项，形成**语素义义项**。语素义义项是根据语素在构成的合成词或固定语中的意义共同点归纳出来的。语素义义项只出现在合成词和固定语中，不能单独使用。下面是不成词语素“视”构成的常用合成词和固定语：

a. 视力、视线、近视、熟视无睹

b. 轻视、重视、藐视、一视同仁

c. 视察、巡视、监视

上面a组中的“视”都表示“看”，可以确定为是一个义项。b组中的“视”表示“看待”，可以确定为一个义项。c组中的“视”表示“考察”，也可以确定为一个义项。这样不成词语素“视”就分别有三个不同的语素义义项。再如不成词语素“观”可以构成以下常用的合成词和固定语：

a. 观察、观看、观测、走马观花、坐井观天

b. 景观、奇观、壮观、改观

c. 乐观、悲观、世界观、人生观

上面a组中的“观”表示“看”，b组的“观”表示“景象或样子”，c组的“观”表示“对事物的认识或看法”。可以看出，不成词语素“观”有三个语素义义项。

义项可以分为词义义项和语素义义项。词义义项和语素义义项有什么不同呢？

词义义项能单独使用，也就是说，语音形式联系这样的义项时，能作为词来运用。词义义项除了可以作为词来运用外，也可以存在于它构成的合成词和固定语中。如前面所举的“想”的“思考；开动脑筋”的意思，除了可以作为词来运用外，也存在于“想法”、“冥思苦想”、“想方设法”等由它构成的合成词和固定语中。

语素义义项不能单独使用，就是说，语音形式联系这样的义项时，不能作为词来运用。语素义义项只存在于合成词和固定语中。如上面“视”的各个意义只存在于它构成的各个合成词“近视”、“轻视”、“视察”和成语“熟视无睹”、“一视同仁”等中。

不成词语素，如“视”、“观”只有不能单用的语素义义项，而成词语素的意义则有的是词义义项，有的可能是不能单用的语素义义项。例如成词语素“书”有以下几个义项：

① 写字；记录；书写：书法|大书特书|振笔直书。

② 字体：楷书|隶书。

③ 装订成册的著作：一本书|一部书|新书|书店。

④ 书信：家书|书札。

⑤ 文件：证书|说明书|白皮书。

其中“书”的③义是可以单用的词义义项，其他几个意义只出现在合成词和固定语中，不能单用，是语素义义项。再如“迷”有以下几个义项：

① 分辨不清，失去判断能力：迷了路|迷了方向。

② 因对某人或某一事物发生特殊爱好而沉醉：迷恋|看电影入了迷。

③ 沉醉于某一事物的人：球迷|戏迷。

④ 使看不清；使迷惑；使陶醉：财迷心窍|景色迷人。

其中“迷”的①、②、④义是可以单用的词义义项，③义只能出现在合成词中，是语素义义项。

义项的划分不是绝对的。不同的词典由于性质或任务不同，对义项的划分有时并不一致。例如“想”这个词，《现代汉语词典》分为四个义项：“①开动脑筋；思索。②推测；认为。③希望；打算。④怀念；想念。”《辞海》分为五个义项：“①思考；思索。②想像。③希望；打算。④料想。⑤想念；怀念。”《新华字典》分为两个义项：“①动脑筋，思索。②怀念，惦记。”《辞海》比《现代汉语词典》多“想像”这个义项，《新华字典》把《现代汉语词典》的前三个义项合并为一个义项。一般来说，《辞海》是一部大型综合词典，所列义项包括了一些古义，义项分析较细。《新华字典》是一部小型词典，义项分析较粗。《现代汉语词典》是一部以记录现代汉语为主的中型词典，义项分析比较适中。

义项的确定和划分是相当复杂的工作，这里我们就不再介绍了。为了学习的方便，我们对词义的分析基本以《现代汉语词典》为依据。

二、义项在词义学习中的重要性

在学习汉语词语时，学习者常常将词的某一个义项和词本身混为一谈。例如“讲”这个词，一般都知道它表示“说”这个意思，例如“上课的时候不要讲话”、“上了一个学期的课，我还没给你们讲过故事呢”中的“讲”就是“说”的意思。但，只掌握了“讲”这一个义项并不表示就学会了“讲”这个词。因为“讲”是多义词，有多个义项，在“干什么都得讲礼貌，注意语言美”这个句子中“讲”就不是“说”的意思了，而是“讲求、追求、重视”的意思，“讲礼貌”不是“说礼貌”而是“讲求礼貌”。所以，对大多数有多个义项的词来说，只学会这个词的一个义项并不表示学会了这个词。

义项在词义学习中的重要性主要体现在以下几方面：

（一）区分了不同义项，才能说明为什么同一个词，有时可以单用，有时不可以单用

在多义词的不同义项中，有的是词义，有的是语素义。词义是词的可以作为词来运用的意义，语素义是只存在于合成词、固定语中的语素的意义。一个多义词，当我们使用它的词义义项时，它就能独立地作句子成分，可以单用；当我们使用它的语素义义项时，它就不能作句子成分，不可以单用，只能与别的语素结合构成合成词或固定语。

如“泥”有两个义项：

① 含水的半固体状的土：泥坑|烂泥。

② 半固体状的像泥的东西：印泥|枣泥|蒜泥。

第一个义项是词义，可以在句中作句子成分，如："他身上有很多泥。"第二个义项是语素义，只能出现在合成词"印泥"、"蒜泥"等中，不能单独做句子成分。

再如"家"的"家庭的住所"的意义是词义，可以单用，如："我的家在北京。"而"画家、政治家、科学家"中的"家"指"掌握某种专门学识或从事某种专门活动的人"，是语素义，不能作句子成分，不能单用，所以不能说"他是画画方面的家"。

(二) 区分了不同义项，才能说明为什么同一个词，可以有不同的词性

多义词的不同义项往往具有不同的语法功能，因此这个词就具有了不同词性。如"错误"有两个义项：

① 不正确，与客观实际不符合：错误思想|错误的言论。

② 不正确的事物、作为等：犯错误|改正错误。

"错误"用于①义时，常作句子的定语，是形容词；用于②义时，常作句子的主语、宾语，是名词。我们不能简单地说"错误"是形容词或是名词，而应以义项为单位来判断。目前汉语中存在部分兼类词，一般认为词性不同，意义也不同，可以分立义项，不同义项承担不同的语法功能，从而使同一词形具有不同语法功能，有不同词性。在学习汉语词语时，只有区分了义项才能对多义词的语法功能一目了然。

(三) 区分了不同义项，才能说明为什么同一个词，在不同的句子中会有不同附属色彩

词除了概念义以外，有时还带有某种附属色彩，其中包括感情色彩和语体色彩。多义词某一义项的附属色彩影响运用中的词的色彩意味。如"寄生虫"有两个义项：

① 寄生在别的动物或植物体内或体表的动物，如跳蚤、虱子、蛔虫……

② 比喻能劳动而不劳动、依靠剥削为生的人。

"寄生虫"在使用①义时，是中性词。使用②义时，如"奴隶主过着寄生虫的生活"，其中的"寄生虫"带有贬义的感情色彩。

再如"保管"的两个义项：

① 保藏和管理：图书保管工作。

② 完全有把握，担保：只要肯努力，保管你能学会。

① 义的使用频率很高，如"保管图书"、"保管财物"、"保管粮食"，无特殊的

语体色彩，常用于口语，也常用于书面语，是通用语。而②义是口语性的用法，如“保管能治好你的病”、“保管你能买到票”，“保管”用于这个意义时是口语词。

所以，我们只有区分了义项才能说明，为什么同一个词，如“保管”，有时是通用语，有时又是口语词，有不同的附属色彩。

（四）区分了不同义项，才能说明为什么一个词可以有多个近义词和反义词

例如，“肥”有多个义项：

义项	近义词	反义词
①含脂肪多（肥猪）	胖（胖人）	瘦（瘦人）
②肥沃（肥田）		薄（薄地）
③肥大（裤子太肥）	大（裤子太大）	瘦（裤子太瘦）

“肥”的近义词既可以是“胖”，也可以是“大”，其反义词既可以是“瘦”，也可以是“薄”，这完全是由其义项决定的。不对义项进行剖析，我们就根本无法解释这一现象。

从上面的分析可以看出，词的义项不仅是词义的单位，而且也是词义用法的单位，如果笼统地将词的某一义项当作词本身，忽略各义项在意义和用法上的区别，必然会在词语的理解和使用上造成偏误，影响表达的准确性。掌握了多义词的一个义项并不等于掌握了这个词，学习新的义项应该像学习新词一样去学习，这样才能准确、完整地掌握一个词的意义和用法。

练　　习

一、根据例句归纳各词的义项：

例如：浓　a. 一杯浓茶。

b. 天上浓云密布。

c. 他对文学的兴趣很浓。

a、b 是一个义项：表示液体或气体中含某种成分多。

c 是一个义项：表示程度深。

家　a. 我家有四口人。

b. 学校门口有很多家饭馆。

c. 这家商店的东西非常便宜。

d. 他是一个画家。

想　a. 这件事你赶快想个办法吧。

b. 我非常想你。
c. 暑假我想到上海去玩。
d. 来中国这么长时间了，你想不想家？
e. 元旦你想去哪儿？

对换　a. 我跟你对换一下，你用我这支笔。
　　　b. 他不愿意和我对换座位。

大方　a. 他很大方，不会计较这几个钱。
　　　b. 这件衣服的样子很大方。
　　　c. 他是一个出手大方的人。
　　　d. 他对朋友总是很大方。

吵　　a. 大人说话的声音把孩子吵醒了。
　　　b. 摇滚乐听起来真是吵得慌。
　　　c. 外面太吵，我们没法上课。
　　　d. 有话好好说，吵什么？

二、归纳下列例词中不成词语素的语素义义项：

例如：观——观察、观看、观测、景观、奇观、乐观、悲观、人生观

“观察、观看、观测”的“观”是“看”的意思，“景观、奇观”中的“观”是“景象或样子”意思，“乐观、悲观、人生观”中的“观”是“对事物的看法”的意思。

1. 私——私信、私事、私产、私有

2. 思——思考、深思、前思后想、相思、思念、思索

3. 贫——贫穷、贫苦、贫民、贫血、贫油、贫困

4. 友——朋友、战友、好友、友爱、友好

5. 目——目光、目中无人、有目共睹、目不暇接、书目、剧目

三、说明下列各词的各个义项哪些是词义义项，哪些是语素义义项？请用词义义项造句，用语素义义项构词：

1. 火　① 物体燃烧时所发的光焰：点火。
　　　② 指枪炮弹药：火网。
　　　③ 兴旺；兴隆：买卖很火。

2. 夫 ① 丈夫：夫妻。
② 从事某种体力劳动的人：农夫。

3. 行 ① 行列：第一行。
② 行业：改行。
③ 某些营业机构：银行。

4. 密 ① 事物之间距离近，跟“稀”、“疏”相对：稠密。
② 关系近；感情好：亲密。
③ 秘密：密电。

5. 热 ① 温度高，感觉温度高（跟“冷”相对）：热水。
② 加热：热一下菜。
③ 非常羡慕或急切想得到：眼热。
④ 受很多人欢迎的：热门。
⑤ 指某种热潮：足球热。

四、下列各词的各个义项的语法性质是否相同，如果不同请说明各个义项的词性，并分别造句：

1. 板书 ① 在黑板上写字。
② 在黑板上写的字。

2. 精神 ① 表现出来的活力。
② 活跃；有生气。

3. 松 ① 松散（跟“紧”相对）。
② 使松。

4. 区别 ① 把两个以上的对象加以比较，认识它们不同的地方。
② 彼此不同的地方。

5. 意外 ① 意料之外。
② 意料之外的不幸事件。

五、下列各词的各个义项的感情色彩是否相同？请具体说明：

1. 老头子 ① 年老的男子（含厌恶意）。
② 妻子称丈夫（用于年老的）。

2. 心肝　① 良心；正义感：他不是那种没心肝的人。
② （～儿）称最亲热最心爱的人（多用于年幼的子女）：心肝宝贝。

3. 水汪汪　① 形容充满水的样子：刚下过大雨，地里水汪汪的。
② 形容眼睛明亮而灵活：小姑娘睁着水汪汪的大眼睛，好奇地看着我。

4. 泼辣　① 凶悍不讲理。
② 有魄力；勇敢：干活很泼辣。

5. 骄傲　① 自以为了不起，看不起别人：骄傲自满。
② 自豪：我为有你们这样的学生而感到骄傲。
③值得自豪的人或事物：古代四大发明是中国人的骄傲。

六、思考并回答下列问题：

1. 词义的单位是什么？如何归纳词的义项？请举例说明。
2. 什么是词义义项？什么是语素义义项？二者有什么区别？请举例说明。
3. 为什么说义项在词义学习中非常重要？请举例说明。

第三节　一词多义现象

一、单义词和多义词

只有一个意义的词叫单义词，有两个以上意义的词叫多义词。

单义词无论用在什么地方都只表示一个意思。单义词一般有以下几种：

（一）专门术语

某种学科中的专门用语一般意义明确而固定，都是单义词。如：

直角　锐角　钝角　圆周　圆锥（数学用语）
原子　电子　磁场　导体　绝缘体（物理学用语）
血压　理疗　磁疗　内科　五官科（医学用语）
小说　诗歌　戏剧　散文　杂文（文学用语）
语法　语素　主语　谓语　本义（语言学用语）

（二）专有名称

人名、地名等专有名称一般也是单义词。如：

北京　上海　湖南　广州　杭州
李白　鲁迅　老舍　白居易　曹雪芹

（三）常见事物名称

常见事物的名称一般也是单义词。如：

汽车　火车　飞机　自行车　电视机
马　狗　熊猫　金鱼　金丝猴

汉语词汇中绝大多数的词都是多义词，一词多义的现象非常多。下面两个例词就是多义的：

短　①不长：绳子太短。
②缺少；欠：缺斤短两。
③缺点：取长补短|不应该护短。

保守　①保持使不失去：保守秘密。
②思想跟不上形势的发展；维持现状，不求改进：思想保守。

从上面的例子可以看出，现代汉语词汇中，多义词以形容词和动词居多。

多义词是怎样产生的？为什么语言中会有一词多义的现象存在呢？

词在刚产生的时候，意义往往是单一的。但由于客观事物不断发展变化，而语言中表达客观事物的词汇相对来说数量又是有限的，用有限的词汇来表现无穷无尽的客观事物，就造成了词汇数量与表达需要的矛盾。解决这一矛盾的方法，除了产生新词来反映新事物以外，主要是用原有的一些词来表示跟原义有关的其他事物现象，这样就产生了一词多义现象。所以，词汇中一些历史悠久的单音节基本词，往往一词多义，如据《现代汉语词典》的注释，“走”有九个义项，“天”有十个义项：

走　①人或鸟兽的脚交互向前移动：孩子会走路了。
②跑：奔走相告。
③移动；挪动：表不走了。
④离开；去：火车刚走|我明天走。
⑤指人死：他还这么年轻就走了。
⑥（亲友之间）来往：走亲戚。
⑦通过；由：我们走南门出去。
⑧漏出；泄露：说走嘴了。
⑨改变或失去原样：唱歌走调了。

天　① 天空：太阳一出满天红。
② 位置在顶部的：天窗|天桥。
③ 一昼夜二十四小时的时间，有时专指白天：今天|忙了一天。
④ 一天里的某一段时间：三更天|天儿还早呢。
⑤ 季节：春天|三伏天。
⑥ 天气：晴天|天变冷了。
⑦ 天然的；天生的：天才|天性。
⑧ 自然界：天灾。
⑨ 迷信的人指自然界的主宰者：天意。
⑩ 迷信的人指神佛仙人所住的地方：天国|天堂。

二、多义词各个义项的性质

多义词的各个义项性质不同，有的是本义，有的是基本义，有的是引申义，有的是比喻义。下面介绍这四种不同性质的义项的特点。

（一）本义和基本义

1. 本义

本义指一个词本来的意思。我们一般认为文献记载的词的最初的意思是词本来的意思。例如：

走　本义是“跑”。《韩非子》：“兔走触株，折颈而死。”其中的“走”是“跑”的意思。

向　本义是“窗子”。《诗经》：“塞向墐户。”意思是“堵好窗子，用泥涂塞门”。

学者　本义是“求学的人”。《论语》：“子曰：‘古之学者为己，今之学者为人。’”其中“学者”是“求学的人”的意思。

单音节词是一个字表示一个词，所以单音节词的本义一般与字的形体有直接关系。我们可以根据字形来推断词的本义。如：

“走”古时写为“”。下面是“止”，即现在的“趾”，表示脚。上面像一个甩开手臂向前跑的人的侧面。从字形来看，“走”的本来的意思是“跑”，而不是现在所说的“行走”。“奔走相告”这个成语中的“走”保留了本义，“走”和“奔”同义，都表示“跑”的意思。

闻，古时写为“”，也由“门”和“耳”组成。“门”表示这个词的发音，“耳”表示这个词的意义，耳朵是用来听声音的，所以“闻”本来的意思是“听”，而不是现在常用的“用鼻子嗅”的意思。“闻”表示“听”的意思，现在还保留在“耳闻目睹”、“新闻”等成语和词中。

本，古时写为“”，“木”表示一棵树，下面一横表示“在树木的下端”，在树

木下端的就是树根，所以“本”的本义是“树根”，而不是一个量词。“本”表示“树根”，后来在此基础上引申为表示“事物的根本”的意思，这个意思现在还保留在“根本”、“基本”、“舍本逐末”等词和成语中。

很多词的本义现在已经消失，在一般词典中，已经不把它列为义项了，如前面所举的“向”和“学者”。在阅读古代书籍需要了解它们时，可以借助工具书的帮助，如查阅《辞源》、《汉语大词典》等词典。

有的词的本义虽然保留至今，但已不能独立运用，只作为语素义存在，出现在由它构成的合成词和固定结构中。如前面所举的“走”、“闻”等。

有一部分词的本义，到现代仍然是最常用最主要的意义。如“圆”表示“圆形”、“短”表示“两端之间的距离小”。

2. 基本义

基本义是词在现代最常用最主要的意义。当人们看见一个单独的词的时候，首先想到的往往就是它的基本义。例如前面说的“走”和“学者”：

走　基本义是“脚交互向前移动”。

学者　基本义是“学术上有一定成就的人”。

这两个词的基本义和本义是不一致的，也有不少词的基本义和本义是一致的，如前面所讲的“圆”、“短”。

对于学习现代汉语的人来说，首先应该掌握词的基本义。在很多描写现代汉语的词典中，基本义往往被列为第一个义项，例如：

消息　① 关于人或事物情况的报道。
　　　② 音信：杳无～。

催　① 叫人赶快行动或做某事：图书馆催他还书。
　　② 使事物的产生和变化加快：催眠|催生

（二）引申义和比喻义

1. 引申义

引申义是由原词义引申发展出来的新的意义。引申是产生多义词的重要途径。如：

深　“深”的基本义是“从上到下或从外到里的距离大”，如“这口井很深”。可引申为“深度”，如“这口井有十几米深”。还可以引申为“深奥”、“不容易懂”，如“这本书所讲的理论很深，不容易看懂”。也可以引申为时间的长久，如“年深日久，这件事渐渐被人遗忘了”。还可以引申为程度高，如“我和他的交情很深”。“深”的这些引申义都是从“深”表示的具体的距离大出发，联想出的抽象的意义，“（距离）大”是“深”的原义和引申义之间的联想纽带。

轻 “重量小”是这个词的基本义，在此基础上引申出“数量少”（年纪轻）、“负载小”（轻装）、“不重要”（责任轻）、“用力小”（轻抬轻放）等意义。“（重量、分量）小”是原义和引申义之间的联想纽带。

冷 “温度低”是这个词的基本义，在此基础上引申出“寂静、不热闹”（冷落）、“不受欢迎的、没人过问的”（冷货、冷门）、“不热情”（冷冷地说）等意义。

2. 比喻义

比喻义是特殊的引申义，它是通过比喻而产生出来的意义。如：

梦话 本来是指“睡梦中说的话”，后用“睡梦中说的话”来比喻不切实际、不能实现的话，如“说什么一个月就能学会汉语，那是梦话”。“梦话”的这个比喻用法逐渐固定，就产生了新的比喻义，即“比喻不切实际、不能实现的话”。

高峰 本来是指“高的山峰”，后用“高的山峰”比喻“事物发展的最高点”，如“上下班高峰时间三环路上经常堵车”。

后台 本来指“舞台的后面部分”，后用来比喻“在背后操纵、支持的人或集团”，如“她这样的人能当上女主角，一定有后台”。

值得注意的是，词临时的比喻用法不是比喻义，比喻用法经过长期运用，巩固在词义中才能称为比喻义，如上面所举的“梦话”、“高峰”、“后台”的比喻义。

对于一个有多个义项的多义词来说，它虽然不一定包含这所有四种不同性质的义项，但每个义项的性质还是有不同，如前面所举的“走”有九个义项，其中第一个义项“人或鸟兽的脚交互向前移动”是基本义，第二个义项“跑”是本义，其他七个义项是引申义。再如“小丑”有两个义项，第一个是“戏曲中的丑角或在杂技中做滑稽表演的人”，第二个义项是“比喻举动不庄重、善于凑趣的人”。其中第一个义项既是本义也是基本义，第二个义项是比喻义。

三、运用多义词需要注意的问题

一词多义的现象在汉语中普遍存在，一般不会给词义的表达和理解造成困难。因为一个词不管有多少个意义，它在具体的句子里一般只能表示一个意义，不可能同时表示几个意义。例如：“讲”这个词有“说”、“解释”、“商量、商议”、“讲求”等几个意义，但在具体的句中，意义都很明确。

① 这件事我对他<u>讲</u>过了。——说

② 这本书是<u>讲</u>语法的。——解释

③ 他买东西很会<u>讲</u>价。——商议

④ 我们要<u>讲</u>文明、<u>讲</u>礼貌。——讲求

句子的语境规定了多义词在句子中表达的是哪个意义，只能单义地去理解。但是，如果话语的环境不能限定某个多义词采用的哪个意义，往往会造成歧义，就是说，会出现两种或多种可能的解释，这样理解也行，那样理解也行。在这种情况下，话语自然不能把意思准确地告诉别人。如下例：

a. 昨天我遇到了一位老运动员。（老——年纪大？富有经验？）

b. 我借他一本书。（借——借出？借进？）

c. 他想吃饭。（饭——米饭？一般的谷类食物？）

第一句可以有两种解释：当“老”表示年纪大时，句子表示“昨天我遇到了一位年事已高的运动员”；当“老”表示“富有经验”时，句子表示“昨天我遇到一位富有经验的运动员”。“富有经验的运动员”并不一定是年纪大的运动员，只是表示他当运动员的时间比较长，比较有经验。第二句可以有两种解释：当“借”表示“借出”时，句子表示“我借给他一本书”；当“借”表示“借进”时，句子表示“我向他借来一本书”。第三句中“饭”既可以指“米饭”，也可以泛指“面包、馒头、米饭等食物”。因此这句话可以理解为他想吃米饭，也可以理解为他想吃食物充饥，至于这食物是什么，则无特殊要求。为了防止句子产生歧义，最好选用合适的词语来替代这些多义词。

练　　习

一、下列词语中哪些是单义词（画“—”），哪些是多义词（画“＝”）：

高　讲　冷　打　紧　地球　黄山　声母　语法　大方　英雄

二、分别解释下列多义词在句子中的具体含义：

1. 漂亮

   a. 这么漂亮的衣服，她怎么会不喜欢呢？

   b. 你的汉语说得真漂亮。

   c. 算了吧！你再会说漂亮话，也骗不了我。

2. 胃口

   a. 这学期我坚持天天锻炼身体，胃口比以前好多了。

   b. 打球他不感兴趣，游泳才对他的胃口。

3. 方便

   a. 郊区的交通越来越方便了。

   b. 依你看，什么时候去才方便？

   c. 你最近手头儿方便吗？能不能借我点钱？

4. 记录

a. 他详细记录了领导的讲话。

b. 会议记录要注意保存。

c. 他打破了世界男子百米赛的世界记录。

三、辨别下列各组句子中画线的词所表示的意义是词的基本义还是引申义：

1. a. 军队里有铁的纪律。

b. 炼铁需要矿石和焦炭。

2. a. 小蜜蜂，飞呀飞，快快飞到花园来。

b. 风雨送春归，飞雪迎春到。

3. a. 他每天晚上都要在运动场跑好几圈。

b. 信纸叫风刮跑了。

4. a. 这口井很深。

b. 这件衣服颜色太深，能不能换一件浅一点的。

5. a. 他特别喜欢吃肥肉。

b. “这块地真肥！”王大爷自言自语地赞叹。

四、辨别下列句中画线的词所用的是词的基本义，还是词的比喻义：

1. 我心里的疙瘩解开了。

2. 关于电脑的知识，我只知道一点皮毛。

3. 后台站满了等着歌星签名的歌迷。

4. 黄河流域是中国文化的摇篮。

5. 小张，快从后门出去。

6. 连卡拉 OK 是什么都不知道，真是个老古董。

7. 凳子腿不结实，拿颗钉子来钉一钉吧。

五、利用一词多义现象可以增强表达效果，词的形式重复，词的内容不重复就是一种常见的表达方式。请说明下列各个句子中“穷”、“劲”、“硬”的词义：

1. 人穷志不穷。

2. 打球怕费劲，下棋又觉得没劲，什么都不想干。

3. 石头<u>硬</u>，开山筑路的人们的意志更<u>硬</u>。

六、下列句子有没有歧义？为什么？请改写句子以消除歧义：

1. 他已经走了一个钟头了。

2. 我跟他去过香港。

3. 这篇稿子你给我看看。

4. 他原来是个教授。

5. 这本书是黄色的。

七、思考并回答下列问题：

1. 什么是词的本义？什么是词的基本义？请举例说明。

2. 什么是词的引申义？什么是词的比喻义？请举例说明。

第七章　词的意义(下)

本章术语　词义扩大、词义缩小、词义转移

本　章　要　点

1. 一个词所包含的意义,不是从古到今一成不变的,随着社会的发展和表达的需要,词义会不断发生变化。
2. 一个词的意义的演变,从总体上看,主要表现为词义增加或减少。在词义历史发展过程中,词义增加是主流。
3. 词的某个意义的历史演变主要表现为词义扩大、词义缩小和词义转移三种情况。(以上见第一节)
4. 由多个语素构成的合成词,合成词的意义和语素的意义有密切关系。
5. 语素义可以帮助我们了解词义,但多数合成词的意义并不是构成它的语素的意义的简单相加。(以上见第二节)

第一节　词义的演变

一、词义的增加与减少

词义是一个词所包含的意义,词义并不是从古到今一成不变的,随着社会的发展和表达的需要,词义会不断发生变化。例如:

书　现在一般指"读书"的"书",如"一本书"。"书"在古代还有"信"和"写"的含义,如诗句"家书抵万金",这"书"是"信"的意思;成语"罄竹难书",这"书"是"写"的意思。现在"书"作为合成词的一个语素,还保留着"信"和"写"这两个含义,如"书信"、"书写"。

词义演变的具体情况是多种多样的,但比较古今词义的差异可以分两步走。第一步,先总体地看,一个词古代有哪些意义,现在又有哪些意义,意义是

增加了，还是减少了。

新义产生，旧义消失，就会造成一个词意义的增加或减少。在词义历史发展的过程中，词义的增加是主流。例如：

救　“救”的本义是“使停止”，如“救火”、“救灾”中的“救”都保留了“救”最早的意义。使某种灾难停止，就是对遇难者的帮助，所以“救”后来又产生了“帮助”的意义，如“救人”、“救命”、“把他救出来”。

休　“休”本义是“休息”，后来在“休息”这个意义的基础上又逐渐产生了以下意义：①停止，如“休会”、“争论不休”。②休弃，指丈夫把妻子赶回娘家，断绝夫妻关系，如“休妻”、“休书”。③副词，表示禁止或劝阻，如“休想”、“休得无理”。“休”的以上意义都还保留在现代汉语的词或语素中。

守　“守”的本义是“遵守”，如“守法”、“守纪律”、“守时间”。后来在此意义的基础上又产生了以下意义：①守候；看护。如“守护”、“医生守着伤员”。②防守（跟“攻”相对），如“把守”、“守卫”、“守住阵地”。

词义减少的例子也有一些，消失的往往是古代的意义，如：

很　“很”本义是“不听从”，如“见过不更，闻谏愈甚，谓之很”（《庄子》）。到现代汉语，“很”的本义消失了，只保留下“表示程度非常高”的意义了。

苦　“苦”本来是一种草本植物的名字，因为味道苦，所以引申为“苦味”的意思。可是到了现代汉语，“苦”的本义却消失了。

学习古代汉语的时候，要注意这些消失了的词义，因为这些词消失了的意义已经不被我们所熟悉，学习时容易犯用现代的意义去解释古代的词义的错误。例如：

爱　“爱”在古代的常用意义是“吝惜”、“舍不得”，如“甚爱必大费”（《老子》）。“爱”的“吝惜”的意义在现代汉语中已经不用了，如果用“爱”的现代常用义“喜欢”去解释上面这个句子中的“爱”，就会造成误解。

二、词义的扩大、缩小和转移

比较古今词义的差异，在考察一个词意义的增加或减少之后，第二步应考察一个词的某个意义古今发生了什么变化。词的某个意义的历史变化主要有扩大、缩小、转移三种情况。

（一）词义扩大

词义的扩大说的是词的一个意义在历史发展的过程中所指的对象的范围

由小变大，词义的限定性因素减少了。例如：

江　河　“江”古代专指“长江”。古书上讲的“江南”、“江东”、“江西”，大都是以长江为界说的。后来词义扩大了，演变为泛指一般的“江”，成为珠江、黑龙江、松花江等许多江的总称。“河”古代专指“黄河”，后来词义扩大了，演变为泛指一般的河。

采　原来专指“采摘植物的叶果”。后来泛指一般的采取，如“采矿”、“采煤”、“采购”、“采集”。

皮　原来指“兽皮”。后来兽皮、人皮都可称做“皮”，如现代有“植皮”、“皮肤”的说法。现在甚至某些像皮一样薄的东西也可以称做“皮”，如“粉皮儿”、“豆腐皮儿”。

醒　原来专指“酒醒”，表示酒醉后醒来。现在又可以指睡醒、清醒。

（二）词义缩小

词义缩小说的是词指称的对象的范围由大变小，词义的限定性因素增加了。如：

金　古代泛指一切金属，如“金、木、水、火、土”里的“金”。现在词义缩小为专指黄金，如“金、银、铜、铁、锡”里的“金”就是特指“黄金”。

虫　本来可以指任何动物，并不是只指昆虫，指昆虫是缩小了的意义。在旧小说、戏曲里常常说到的“大虫”，就是指的“老虎”。现在，还有人称“蛇”为“长虫”，就反映了“虫”的古义。

（三）词义转移

词义转移说的是词指称的对象古今完全不同了。如：

兵　本来是指“兵器”，是一种器械，成语“短兵相接”中的“兵”保留了这个意思。后来指“士兵”。比较这两个意义可以知道，两个意义之间有一定联系，由“兵器”演变成“用兵器的人”，但是所指的对象变了，由器械变成了人。器械和人分属于两类事物，这就是说，“兵”这个词指称的对象古今完全不同了。

闻　从“闻”的字形可以看出，它从门从耳，是与耳朵有关的一个词，表示“用耳朵听”的意义是“闻”的本义，如“新闻”、“闻名”、“耳闻目睹”等词中还保留了“闻”的本义。但现在“闻”一般指“用鼻子嗅”，如“这菜闻起来很香”。“闻”由表示“用耳朵听”变成“用鼻子嗅”，词所指称的对象发生了变化。

涕　“涕”原意是“眼泪”，如成语“痛哭流涕”里的“流涕”就是“流眼泪”。后来，“涕”的含义转移了，成为专指“鼻涕”的“涕”。

三、词附属义的变化

随着词的概念义的变化，有些词的附属义也随之发生改变。附属义的变化主要表现在词的感情色彩方面。如：

爪牙　原来指鸟兽用于攻击和防卫的“爪”和“牙”，引申为“得力的武臣”，所以中国古代一位著名的将军李广曾被人称为“国之爪牙”，“爪牙”那时是个褒义词。在现代汉语中，“爪牙”比喻坏人的帮凶，变成了贬义词。

强人　近代汉语中“强人”指“强盗”，如《水浒传》中“定是去报山寨大队强人，来杀我家”一句中的“强人”就指“强盗”，是贬义词。近几年来有“女强人”的说法，指“精明强干，事业有成的人”，变成了褒义词。

练　习

一、“老”最早是表示“年纪大”的意思，“浅”最早是表示“水不深”的意思。这两个词现在词义是增加了还是减少了？请举例说明。

二、指出下列各词意义的变化属于词义扩大、词义缩小、词义转移中的哪一种：

1. 洗　原指洗脚，现在可以指洗一般的东西。
2. 响　原指回声，现在指一般的声响。
3. 宫　原是房屋的通称，现在指宫殿或庙宇等高大华丽的建筑物。
4. 嘴　原指鸟嘴，现指人或动物的嘴。
5. 走　原指跑，现指脚交互向前移动、步行。
6. 孩　原指小孩笑，现专指小孩。
7. 报复　原指报德或报怨，现在指报怨。
8. 书记　原指主管文书工作的人员，现指某些政党或团体的各级组织的负责人。
9. 学者　原指求学的人，现指学术上有一定成就的人。
10. 主人公　原指主人，现指文学作品的中心人物。

三、从词义发展的角度看，下列各词的感情色彩有什么变化？

1. 深刻　原指刑罚苛刻残酷，现指对事情或问题的本质认识透彻。

2. 复辟　原指君主复位，现指被推翻的反动统治者恢复原有的地位或被消灭的反动制度复活。

3. 近视　原指视力有缺陷，现也可以指眼光短浅。

4. 敌　原指力量、势力等相当，现一般指敌人。

四、思考并回答下列问题：

1. 词义演变有几种情况？请举例说明。
2. 什么是词义扩大？请举例说明。
3. 什么是词义缩小？请举例说明。
4. 什么是词义转移？请举例说明。

第二节　词义和构成它的语素的意义的关系

一、语素义和词义的关系类型

我们在第一章绪论中曾谈到汉语词汇有一个显著的特点——构词具有理据性，即由多个语素构成的合成词，其词义和语素的意义有密切的关系，一个合成词之所以采用这些语素来构词是有道理可讲的。例如，之所以用“电”和“脑”这两个语素组合成“电脑”这个词来表示“电子计算机”的意思，是因为电子计算机能运算，会控制程序，就好像人脑一样。之所以用“嘴笨”表示“不善于说话”的意思，是因为嘴是说话的工具，这是用“嘴”来代表说话。下面我们就介绍一下词义和语素义之间存在的关系，以及如何通过语素的意思来了解词义。

由一个语素构成的单纯词，语素的意义同词的意义是一致的。由两个以上的语素构成的合成词，词义和语素义的关系比较复杂。有的合成词的语素的意思和词义的关系比较直接，如“女工”的意思是“女性的工人”，语素“女”在这里的意思就是“女性”，语素“工”在这里的意思就是“工人”。但是，有很多合成词的语素的意思和词义的关系是间接的，如“口齿”并不表示“口和牙齿”，而是表示“说话的发音，说话的本领”（口齿清楚，口齿伶俐）。

语素义和词义之间常见的关系类型有以下几种：

（一）语素义按照一定的语法关系直接表达词义

例如：

词	语法结构	词义
私营	主谓式	私人经营
性急	主谓式	脾气急
珍品	偏正式	珍贵的物品
春光	偏正式	春天的景致
认错	述宾式	承认错误
冒牌	述宾式	(货物)冒充名牌
爱护	并列式	爱惜并保护
父母	并列式	父亲和母亲

在这些词中,词义是语素义按照词的语法关系所确定的关系组合起来的。例如,"珍品"之所以是"珍贵的物品",而不是"珍惜物品"或其他意义,就在于"珍品"的语法结构是偏正式,语素"珍"是修饰语素"品"的,从而决定了语素义"珍贵"和"物品"要按偏正的方式来组合。再如,"私营"之所以是"私人经营",而不是"私人和经营"的意思,就在于"私营"的语法结构是主谓式,从而决定了语素义"私人"和"经营"要按主谓的方式来组合。

如果两个词语素义相同,而语法关系不同,那么这两个词的词义也就不相同,例如:

词	语法结构	词义
成人	偏正式	成年的人
	述宾式	人发育成熟
来信	偏正式	寄来或送来的信件
	述宾式	寄信来或送信来
分界	偏正式	划分的界线
	述宾式	划分界线

以上例子说明了语法关系的重要性。

此外,还有一点需要说明,构词方式是主谓式、偏正式、述宾式等的不少词是语素义按次序组合而成的,而构词方式是补充式的词的词义一般不是语素义的简单组合,如:

改进　改变旧有情况,使有所进步。(改进学习方法)

改善　改变原有情况使好一些。(改善生活)

改正　把错误的改为正确的。(改正错误)

这种补充式的合成词浓缩了较多的内容,语素义一般是说明动作和动作的结果、趋向,不能用补充结构的词组来解释这种词。

（二）语素义和词义相同或相近

例如：

词	语素义		词义
	前	后	
衣服	衣服	衣服	同
确切	准确	恰当	同
离别	分离	分别	同
逃逸	逃跑	逃跑	同
琐细	细碎	细小	相近

此外再如：朋友、语言、牙齿、美丽、昂贵、公平、虚伪、购买、居住、辅导等。

在这些词中，两个语素原来的意义相同或相近，在所构成的合成词中，它们共同表达一个和语素原来的意义相同或相近的意思。如“寒冷”，“寒”和“冷”意思相近，都表示“冷”，构成合成词“寒冷”后的词义还是“冷”，与语素原来的意思相近。

这种类型的词，一般是并列结构的词，与第一类型中“父母”这样并列结构的词不同的是：此类型词中的两个语素的意义相同或相近，是同义或近义的语素并列组合而成的词，而“父母”、“出入”等词是由同类或反义的语素并列组合而成的词。

（三）语素义表示了词义的某些特定内容

客观事物、现象有各种特点，如有形貌、颜色、性质、功用等多方面的特点。人们用合成词作为客观事物、现象的名称时，只能用语素反映其中的某些特点。这样，语素义就不能完全表示词义，而只表示词义的某些内容。这种词的数量很多。如：

黑板　用木头或玻璃等制成的可以在上面用粉笔写字的黑色平板。语素“板”表示这是一种平板。语素“黑”表示它一般是黑色。

壁画　绘在建筑物的墙壁或天花板上的图画。语素“画”表示这是一种图画。语素“壁”指画在墙壁上。

补品　滋补身体的食品或药品。语素“品”表示这是一种物品。语素“补”表示这种物品的作用是“滋补”。

红绿灯　指挥车辆通行的信号灯，多设在城市的交叉路口，红灯指示停止，绿灯指示前进。语素“灯”表示这是一种灯。语素“红”和“绿”表示这种灯所具有的两种颜色。

这类词，语素义对了解词义有提示作用，但不能单纯根据语素义来推断词义，像“黑板”就不仅仅是“黑色的平板”，“壁画”也不仅仅是“墙壁上的画”。

（四）用语素义的比喻用法表示词义

所谓比喻，是用某些有类似特点的事物来比拟想要说的事物，以使表达更加生动鲜明，如用“老古董”比喻思想陈腐或生活习惯陈旧的人。用语素义的比喻用法表达词义可细分为三类：

1. 整个词都是比喻用法

绊脚石　比喻阻碍前进的人或事物。

死胡同　比喻绝路。

饭桶　比喻只会吃饭而不会做事的人。

心肝儿　称最亲热最心爱的人（多用于年幼的子女）。

耳目　指替人刺探消息的人。

手足　比喻弟兄。

2. 后一个语素是比喻用法，前一个语素是原义

帽舌　帽子前面的檐，形状像舌头，用来遮挡阳光。语素“舌”是比喻用法。

安全岛　马路中间供行人穿行时躲避车辆的地方。语素“岛”是比喻用法。

云海　从高处下望时，平铺在下面的像海一样的云。语素“海”是比喻用法。

浪花　波浪激起的四溅的水。语素“花”是比喻用法。

3. 前一个语素是比喻用法，后一个语素是原义

螺纹　手指上的纹理。语素“螺”是比喻用法。

海量　指很大的酒量。语素“海”是比喻用法。

铁汉　指坚强的人。语素“铁”是比喻用法。

带鱼　鱼，体长侧扁，形状像带子，银白色，全身光滑无鳞。语素“带”是比喻用法。

蝶泳　游泳的一种姿势，跟蛙泳相似，但双臂划水后须提出水面再向前摆去，因形似蝶飞而得名。语素“蝶”是比喻用法。

（五）用语素义的借代用法表示词义

所谓借代，就是不直接把所要说的人或事物的名称说出来，而用跟它有关系的另一种事物的名称代替它，如用“白领”来代表从事脑力劳动的人。用语素义的借代用法表示词义也可分为三类：

1. 整个词都是借代用法

眉目　　眉毛和眼睛，泛指容貌。

山水　　山和水，泛指有山有水的风景。

裙钗　　旧时妇女的服饰，借指妇女。

蓝领　　蓝色的领子，一些国家或地区指从事体力劳动的人，他们劳动时一般穿蓝色的工作服。

2. 前一个语素是借代用法，后一个语素是原义

口音　　说话的声音。语素"口"是借代用法。

嘴笨　　不善于说话。语素"嘴"是借代用法。

嘴甜　　说的话使人听着舒服。语素"嘴"是借代用法。

嘴快　　有话藏不住，马上说出来。语素"嘴"是借代用法。

3. 后一个语素是借代用法，前一个语素是原义

扒手　　从别人身上偷窃财物的人。语素"手"是借代用法。

高手　　技能特别高明的人。语素"手"是借代用法。

选手　　被选参加体育比赛的人。语素"手"是借代用法。

卖嘴　　用说话来显示自己本领高或心肠好。语素"嘴"是借代用法。

（六）部分语素义失落或模糊

在有的合成词中，其中一个语素不用它原有的意义来表示词义。例如，"忘记"是忘却的意思，语素"记"在这里没有意义。这类词有两种情况。

1. 两个语素中只有一个语素表示词义，另一个不表示意义

忘记　　"记"在这里没有意义。

人物　　"物"在这里没有意义。

窗户　　"户"在这里没有意义。

国家　　"家"在这里没有意义。

2. 两个语素中有一个语素的意义模糊，不能说没有意义，但也不能明确指出它的意义

奚落　　用尖刻的话数落别人的短处，使人难堪。语素"奚"原义是"何"，在这里意义模糊。

斯文　　文雅。语素"斯"原义是"这；于是"，在这里意义模糊。

麻利　　敏捷。语素"麻"在这里意义模糊。

荷包　　随身携带装零钱或零星东西的包。语素"荷"在这里意义模糊。

（七）所有语素的意义同词义没有联系

东西	泛指各种具体的或抽象的事物。
红娘	帮助别人完成美满姻缘的善良的人的代称。
大方	不吝啬，或举止自然，或样子不俗气。
马虎	草率；敷衍；疏忽大意；不细心。
工夫	指占用的时间或空闲的时间。
二百五	讥称有些傻气、做事莽撞的人。

造成语素义失落或模糊的原因是多方面的。通常由于词义辗转引申、比喻的关系，语素义和词义的联系越来越远。例如“工夫”本指工程和劳动人力，这时语素义和词义的联系很直接，但是当“工夫”指占用的时间或空闲的时间时，这种联系就很遥远了。对于有历史来源的词来说，由于时间的流逝，人们不再了解词语的典故，不了解词语产生的社会背景，也可能造成语素义和词义的脱节。如“红娘”，这本是元杂剧《西厢记》中的一个人物的名字。她是小姐崔莺莺的丫头。小姐崔莺莺爱上了张生，由于红娘的帮助促成了莺莺和张生的结合。后来把热心促成别人姻缘的人也称做“红娘”。再如“二百五”，人们为什么称有些傻气、做事莽撞的人为“二百五”呢？这是因为旧时一封银子五百两，半封银子二百五，而“半封”和“半疯”谐音，称人为“二百五”，即取笑人为“半疯”。

二、通过语素义了解词义需要注意的问题

上面我们介绍了语素义和词义的关系的一些规律性的东西，目的是想让大家通过了解语素义进而掌握词义。与词义相比，语素义数量较少，相对稳定，又较少变化。同时，又有部分词的词义就是语素义的相加，如“轻信”就是“轻易相信”，“平分”就是“平均分配”，“夺冠”就是“夺取冠军”。所以掌握语素义，在语素义的提示下掌握词义，是行之有效的学习方法。

但是，我们必须明确，多数情况下，语素义加语素义并不等于合成词的词义，词义不是语素义的简单相加。

“黑板”不仅仅是“黑色的平板”，语素“黑”、“板”只表示了词义的部分内容，只对“黑板”的词义起提示作用。“绿灯”不仅仅是“绿色的灯”，语素“绿”和“灯”也只表示了词义的部分内容，只对“绿灯”的词义起提示作用。

“心肝儿”不是“心脏和肝脏”，“心肝儿”是语素的比喻用法，是用人体最重要的器官心脏和肝脏来比喻最心爱、最亲热的人。“白领”不是“白色的领子”，“白领”是语素的借代用法，用“白色衣领”代表经常穿带有白色衣领的衣服的脑力劳动者。了解这些词的语素义不足以掌握词义，语素义也只起提示作用。

“红娘”不是“红色的姑娘”，“二百五”也不仅仅是个数字。这些语素义失落或模糊的词，我们更不能仅仅根据语素义来判断词义。

词是作为一个整体出现的，它的意义往往具有整体性，不是构成它的语素的意义的简单相加。语素义可以帮助我们了解词义，但决不能仅仅根据语素义去推断词义，否则就会误解词义，给准确理解和运用这个词带来困难。

练　习

一、分析下列各词的语法结构，解释各词的意义，并说明各词的词义和构成词的语素的意义之间有什么关系：

词	语法结构	词义
珍品		
心慌		
夺冠		
低能		
冷遇		
夫妻		
平分		
尘垢		
爱护		
搜查		

词义和语素义的关系：

二、分别解释各组句子中画线的词的意思，并说明为什么由相同语素构成的词意思会不同：

1. (1)去香港以后，别忘了给我<u>来信</u>。
   (2)你的<u>来信</u>已经收到。

2. (1)这里的商品都经过物价局<u>定价</u>。
   (2)作为一种新产品，你的这种<u>定价</u>合适吗？

3. (1)孩子怎能同<u>成人</u>相比呢？
   (2)这么大孩子还没有<u>成人</u>呢，怎么能让他干这么重的活儿。

三、解释下列各词中画线的语素的意思，并说明这些词的词义和构成词的语素的意义的关系有什么共同特点：

寒冷　　离别　　昂贵　　书写　　洗涤

陈旧　　缓慢　　躲藏　　飞翔　　聆听

四、“红灯”是不是“红色的灯”的意思？“绿卡”是不是“绿色的卡”的意思？为什么？这两个词中的语素表示了词义哪些内容？

五、“笔直”、“笔挺”、“笔名”、“败笔”中的“笔”分别表示什么意思？

六、下列哪些词的意义是用语素的借代用法表示的？哪些词的意义是用语素的比喻用法表示的？

蛙泳　　蝶泳　　蓝领　　白领　　骨干

龟缩　　撑腰　　红粉　　白宫　　茅台

替罪羊　　跑龙套　　穿小鞋　　乱弹琴

走后门　　碰钉子

七、下列各词画线的语素本来是什么意思？这个语素在词中表示什么意思？

忘记　　人物　　国家　　动静　　好歹　　窗户

八、根据词义的解释，说明下列各词词义和构成词的语素的意义的关系类型：

1. 性急：脾气急。
2. 穷人：穷苦的人。
3. 渺小：微小。
4. 领袖：国家、政治团体、群众组织的领导人。
5. 急速：非常快。
6. 糖衣：包在某些苦味药物表面的糖质层，作用是使药物容易吃下去。
7. 洗涤：洗。
8. 拳脚：拳术。
9. 口齿：说话的本领，说话的发音。
10. 好歹：危险。
11. 铁路：有钢轨的供火车行驶的道路。
12. 普选：一种选举方式，有选举权的公民普遍地参加国家权力机关代表的选举。
13. 须眉：胡须和眉毛，指男人。
14. 红颜：指貌美的女子。
15. 皮毛：比喻表面的知识。
16. 马虎：草率；疏忽大意；不细心。
17. 配角：比喻做辅助工作或次要工作的人。
18. 拦路虎：过去指拦路打劫的匪徒，现在指前进道路上的障碍物和困难。
19. 笔杆子：指能写文章的人。
20. 活菩萨：比喻救苦救难的人。

九、思考并回答下列问题：

1. 词义和构成它的语素的意义有几种关系类型？请举例说明。
2. 是不是所有合成词的词义都是语素义的相加？请举例说明。

● 丙篇　词和词的关系

第八章　同义词

本章术语　**同义词、等义词、近义词**

本　章　要　点

1. 辨析同义词可以从词义、词的附属色彩、词的用法三方面入手。
2. 同义词意义上的区别主要表现在：词义侧重点不同、词义轻重不同、词义范围大小不同和词义有指称个体和集体的不同。
3. 同义词附属色彩的区别主要表现在：感情色彩不同、语体色彩不同。
4. 同义词用法的区别主要表现在：搭配对象不同、词性和句法功能不同。
5. 辨析同义词，一定要找出尽可能多的例句进行比较分析。
6. 精心选用同义词，对增强语言的表达效果有很大作用。

一、同义词的类型

意义相同或相近的词叫同义词。同义词一般分为两类：等义词和近义词。

（一）等义词

等义词意义完全相同，在任何语境中都能替换，也叫绝对同义词。如：

剪刀——剪子　　斧头——斧子　　嫉妒——妒嫉

拦阻——阻拦　　星期天——礼拜天　　吉他——六弦琴

等义词无论在词义、用法和附属色彩上均无差别，它们的存在对交际和表达思想感情没有多少积极作用，应该加以规范，保留其中的一个。

（二）近义词

近义词意义基本相同，但是有细微的差别，也叫相对同义词。如：

叫——喊　　看——望　　大方——慷慨

结果——后果　　　单身汉——光棍儿　岳母——丈母娘

丰富的同义词是语言的宝贵财富。我们可以很好地利用这些财富，在表达思想、叙述事情时从众多的同义词语中挑选最贴切、恰当的一个。要做到这点，就必须学会辨析同义词的方法。

二、同义词的辨析

同义词的差别是各种各样的，我们可以从意义、附属色彩和用法三个方面入手来辨析同义词。

(一) 从词的意义方面辨析

1. 词义的侧重点不同

词义的侧重点不同是指几个同义词的词义强调的方面有所不同。同义名词的侧重点不同往往表现在所指事物的特点不同。同义动词的侧重点不同表现在动作的方式、方法不同。同义形容词的侧重点不同表现在事物的性质状态不同。例如：

差别——区别　都是名词，都指不同之处。但“差别”侧重指彼此间相差的部分；“区别”侧重指彼此间可区分的部分。例如“城乡差别逐渐在缩小”、“这对孪生姐妹的区别是姐姐脸上有颗黑痣”。

理想——幻想　都可以做名词，都可以指对未来的想像。但“理想”侧重指有根据的、合理的想像；“幻想”侧重指不合实际的、虚幻的想像。例如“他的理想是长大后成为一名飞行员”、“应该丢掉不切实际的幻想”。

忽视——轻视　都是动词，都有不重视的意思。但“忽视”侧重在注意不够或考虑不周因而未加重视，多指无意的行为；“轻视”侧重在主观上认为没有价值或没有用处因而不看重，多指有意的行为。例如“严加管束的教育方法忽视了儿童的心理特点”、“有封建思想的人轻视妇女”。

替换——交换　都是动词，都有换的意思。但“替换”侧重在替下来，是单方面的，指用现在的替下原来的；“交换”侧重在双方各拿出自己的交给对方。此外“替换”多用于人和具体的事物；“交换”除可用于人和具体事物外，还可用于思想、意见等抽象事物。例如“新队员替换了老队员”、“双方交换了礼物”、“我们经常交换意见”。

温柔——温顺　都是形容词，都有温和、不粗暴的意思。但“温柔”侧重在柔和、柔顺；“温顺”侧重在顺从、不对抗。此外“温柔”多形容女性；“温顺”既可以形容人，也可以形容动物。例如“她是一个温柔的妻子”、“这条小狗非常温顺”。

珍贵——名贵　都是形容词，都有宝贵的意思。但“珍贵”侧重在稀少难得、意义深刻，主要着眼于事物的特殊价值和意义；“名贵”侧重在著名贵重、不同一般，主要着眼于以金钱衡量的物品的实际价值。此外“珍贵”既可用于具体事物，也可用于友谊、情感等抽象事物；“名贵”多用于具体事物。例如“我懂得了时间的珍贵”、“鹿茸是一种名贵的药材”。

从上面的举例可以看出，两个双音节的同义词在词义上侧重点不同常常是因为这两个词有一个不同的语素造成的，这个不同的语素是形成词义差别的关键因素。如“理想”和“幻想”的不同，在于“理想”侧重“理”，词义有“有道理”的成分，“幻想”侧重“幻”，词义有“虚幻”的成分。“温柔”和“温顺”的不同，在于“温柔”强调“柔”，有“柔和”意思，“温顺”强调“顺”，有“顺从”的意思。所以我们在辨析同义词时，要注意从构成词的语素的角度来看意义的细微差别。

2. 词义的轻重不同

词义轻重不同是指同义词表达的概念义基本相同，但在表现的程度方面有轻重的不同。如：

热爱——酷爱　都是动词，都有非常爱的意思。但“热爱”侧重感情热烈；“酷爱”侧重在爱得极深。“酷爱”的“爱”的程度比“热爱”深。例如介绍一个球迷，说“他酷爱足球运动”比说“他热爱足球运动”更合适。此外，值得注意的是，“热爱”适用范围较广，既可以用于人和具体事物也可用于抽象事物，而“酷爱”适用范围较小，多用于事物，不用于人，不能说※“他酷爱自己的学生”。

失望——绝望　都可以做动词，都表示没有希望的意思。但“绝望”表示毫无希望，语意比“失望”重。此外，“失望”可以受程度副词“很”、“十分”等修饰；“绝望”很少受程度副词的修饰。例如“没见到老同学，我很失望”、“双目失明后，他完全绝望了”。

优良——优秀——优异　都是形容词，都有好的意思。但“优良”是很好，“优秀”是非常好，“优异”是特别好，好的程度“优异”、“优秀”比“优良”要高。此外，“优秀”既可用于人，也可用于物，适用范围最大，“优良”一般用于物，包括具体事物和抽象事物，而“优异”只用于抽象事物，适用范围最小。例如“这辆汽车的质量优良”、“李宁是一名优秀的体操运动员”、“他以优异的成绩考上了北京大学”。

请求——恳求　都是动词，都有向别人提出要求，希望得到满足的意思。但“请求”是比较有礼貌地希望别人答应要求；“恳求”是诚恳迫切的请求对方答应自己的要求。“恳求”的程度比“请求”深，说“恳求老师同意”和“请求老师同意”有程度上的差别。

3. 词义的范围大小不同

词义范围不同是指同义词的词义所指的对象的范围大小不同。例如：

财产——财富　都是名词，都可以指人类社会中具有价值的东西。但词义范围不同，“财产”指具体的物质财富，如产业、土地、房屋、现款等，是“财富”的一部分；“财富”指所有具有价值的东西，包括具体的物质方面有价值的东西，还包括精神方面有价值的东西。“财富”的词义范围比“财产”大。例如“他的财产由女儿来继承”、“精神财富比物质财富更重要”。

故乡——家乡　都是名词，都可以指自己的家庭世代居住过的地方。但是，“故乡”除了指自己的家庭世代居住过的地方以外，还可以指自己长期工作、生活的地方，意义范围比“家乡”大。例如“他是法国人，但在北京工作了二十年，常说北京是他的第二故乡”、“年纪大了，常想回家乡看看”。

食品——食物　都是名词，都指供人食用的东西。但“食品”指的东西是经过加工的，而“食物”所指的东西可以是加工过的，也可以是未加工的。这样“食物”所指的范围就比“食品”大。例如“野兽到处寻找食物”、“绿色食品”、“罐头食品”。

天气——气候　都是名词，都表示大气的状态和现象。但“气候”指较大地区较长时间的气象情况；“天气”指较小地区较短时间的气象情况。例如“这两天天气晴朗”、“今年华北地区气候反常”。

事情——事件——事故　都是名词，都指事。但所指的事的范围不同，“事情”指一切事，“事件”指因为特殊原因所引起的较重大的事情，“事故”指偶然发生的不幸的或不应有的事情。例如“最近家里的事情特别多”、“核燃料事件震惊了全世界”、“最近这里发生了多起交通事故”。

4. 词义有指称个体和集体的不同

词义有个体和集体的不同是指词义所表示的客观对象，有的是个体，有的是集体。例如“树”和“树木”是一组同义词，它们都表示“树”这种客观事物，但是“树”既可以指一棵树，也可指很多树，可见，“树”这个词，既可指个体，也可指集体。“树木”与“树”不同，它是一个集体名词，只能表示集体不能表示个体，不能说※“一棵树木”、※“三棵树木”。其他类似的同义词还有：

纸——纸张	人——人口	车——车辆
马——马匹	书——书籍	河——河流
湖——湖泊	船——船只	

“纸”、“人”、“车”、“马”、“书”、“河”、“湖”、“船”等词可以指具体的个别事物，也可以指抽象的集合体，而“纸张”、“人口”、“车辆”、“马匹”、“书籍”、“河流”、“湖泊”、“船只”等词就只能用来表示抽象的集合体。

（二）从词的附属色彩方面辨析

1. 词的感情色彩不同

一些同义词意义的差别，主要表现在感情色彩的不同。例如：

习惯——习气　都可作名词，都可以指长期逐渐养成的行为或特性。但“习惯”表示不易改变的个人行为，也可以是社会风尚，没有贬义也没有褒义，是一个中性词；“习气”侧重指坏行为或不良作风，是贬义词。例如“这是他多年养成的习惯”、“革除官僚习气”。

宠爱——溺爱　都是动词，都有非常喜爱的意思。但“宠爱”侧重指另眼相看，可用于人或物，一般是中性词；当表示“娇纵，偏爱”的意思时，也有贬义。“溺爱”侧重在过分地、无原则地爱，对象往往是自己的子女，是贬义词。例如“爷爷非常宠爱大孙子”、“不要过分溺爱独生子女”。

顽强——顽固　都是形容词，都表示不容易改变的意思。但“顽强”侧重指意志坚强，不屈服，不动摇，一般具有褒义的色彩。“顽固”指思想落后、保守，不易改变，具有贬义的色彩。例如“他是一个意志顽强的人”、“他的态度非常顽固”。

2. 词的语体色彩不同

有一些同义词意义的差别，主要表现在语体色彩方面。例如：

谈——聊　都是动词，都有两个或几个人在一起说话的意思。但“聊”是茶余饭后或无事的时候的谈话，没有特定的内容，比较随便，“聊”是一个口语词；“谈”多指围绕一定的内容说话或讨论，可用于非正式的场合，也可用于较严肃的场合，“谈”兼用于书面语和口语。例如“咱俩只是随便聊聊”、“老板要找我谈工作”。

耗费——花费　都是动词，都有消耗的意思。但“耗费”多用于书面语；“花费”多用于口语。例如“这座宫殿耗费了多少人力和物力啊”、“为了让孩子学钢琴，父母花费了不少心血”。

商量——商讨　都是动词，都有交换意见的意思。但“商量”常用于日常工作、生活、社交等方面的各种事情，多用于口语；“商讨”侧重于就解决重大复杂问题而交换意见，包括探讨、辩论，多用于政治、经济、文化、外交等重大复杂的事情，是书面语词。例如“我们商量一下秋游的事”、“商讨两国经济技术合作问题”。

逝世——牺牲——死　都是动词，都有生命终结的意思。但“逝世”用于受尊敬的人；“牺牲”用于为正义舍弃生命的人。这两个词都是书面语词。“死”适用范围很大，既可用于人，也可用于其他生物。例如“一位伟大的科学家逝世了”、“为抢救落水儿童，他牺牲了自己年轻的生命”、“我们家的金鱼又死了两条”。

丑——丑陋　都是形容词，都有外表不美的意思。但“丑”适用范围大，可用于人或物；“丑陋”主要用于人，有时也用于具体的事物。“丑”是口语词；“丑陋”是书面语词。例如“他长得真丑”、“相貌丑陋”。

（三）从词的用法方面辨析

1. 搭配对象不同

有些词性相同的同义词，由于词义的差别、词的附属色彩的差别，以及约定俗成的关系，搭配对象往往不同。例如：

交流——交换　都是动词，都有彼此对换的意思。但“交换”的对象多为具体事物，也可用于意见、看法等抽象事物；“交流”的对象多为抽象的思想、经验、文化、感情等。例如“互相交换礼物”、“交流感情”、“交流经验”、“从事文化交流的工作”。

到达——达到　都是动词，都有到的意思。但“达到”多用于抽象的事物，如理想、目的、水平、标准以及数量等；“到达”多用于具体行动，常同处所词搭配。例如“明天早上六点到达上海”、“他终于达到了他的目的”。

批准——同意　都是动词，都表示赞同、准许的意思。但“批准”限于上级对下级，适用范围较小；“同意”则不受上下级的限制，适用范围较大。例如“老板批准了我们的销售计划”、“我非常同意你的意见”。

美满——圆满　都是形容词，都有完满的意思。但“美满”侧重指美好、完美，一般用于形容生活、家庭等；“圆满”侧重指完备周全、符合愿望，一般用于形容答案、结果等。例如“美满的家庭”、“会谈已圆满结束”。

稳固——稳定　都是形容词，都可以表示不动摇、不易发生变动的意思。但“稳定”侧重表示“安定、不变动”，适用对象比较广泛，可以用来形容思想、情绪、血压，也可以用来形容社会、市场、物价等；“稳固”侧重表示“牢固、不动摇”，适用对象较窄，只用于形容基础、根基、地位等。例如“血压不太稳定”、“他的情绪不稳定”、“防护大堤十分稳固”。

2. 词性和句法功能不同

大部分同义词词性相同，但是也有词性不同、句法功能也不同的情况。例如：

突然——忽然　两个词都有来得迅速而又出乎意料的意思。但“突然”是形容词，可以作状语，如“突然来了一封电报”，可以作谓语，如“这事情太突然了”，也可以作补语，如“他来得太突然了”；“忽然”是副词，只能作状语，如“忽然来了一封电报”。

永远——永久　两个词都有时间长久的意思。但“永久”是形容词，常作定语，如“永久的纪念”，也能作状语，如“世上万物不可能永久不变”；“永远”是副词，一般只能作状语，如“永远记住这个教训”。

希望——愿望　两个词都可以表示心里想要达到的某种目的或想法，都可以作名词。但“愿望”只能作名词，如“这个愿望不难实现”、“他终于实现了当飞行员的愿望”；“希望”既可以作名词，如可以说“这个希望不难实现”，也可以作动词，如“我希望能早点毕业”、“他从小就希望做一个医生”。

偶然——偶尔　两个词都可以表示非规律性地有时发生，都可以作副词。比如既可以说“闹市里偶然也能听到几声鸟叫”，也可以说“闹市里偶尔也可以听到几声鸟叫”。但“偶尔”指次数少，只能作副词，在句中作状语，如“偶尔去一次”；“偶然”除了可作副词外，还可以作形容词，在句中作定语，如“这是很偶然的机会”、“偶然事故”。

充分——充足　都是形容词，都有足够、不缺乏的意思。例如“做好了充分的思想准备”、“房间的光线很充足”。但“充足”不能作状语；“充分”可以作状语，例如“充分显示了球队的实力”、“充分调动大家的积极性”、“充分证明了项目的可行性”。

以上介绍了在意义、附属色彩和用法三方面各有不同差别的同义词，其实意义、附属色彩、用法三方面的区别并不是独立的。因为不少同义词既可能在意义上有区别，同时在用法上也有区别，如“温柔”和“温顺”、“替换”和“交换”。在附属色彩方面是不同的，同时在所反映的事物的特点方面也不同，如“习惯”和“习气”、“结果”和“后果”等。

因此，我们辨析同义词时，不能只从一个方面考虑，往往要综合考虑意义、附属色彩、用法三方面的不同。例如“温柔”和“温顺”既有词义侧重点的不同（“温柔”侧重“柔和”；“温顺”侧重“顺从”），同时也有用法上的不同（“温顺”既可以形容人，也可以形容动物；“温柔”只能形容人）。“热爱”和“酷爱”既有词义轻重的不同，也有用法方面的区别。

此外，在辨析同义词时，一定要找出尽可能多的例句进行比较分析，才能把同义词的区别找出来。例如“采用”和“采取”，我们可以在以下句子中比较：

采取正确方法 √	采用正确方法 √
采取合法手段 √	采用合法手段 √
采取正确态度 √	采用正确态度 ×
稿子已被编辑部采取 ×	稿子已被编辑部采用 √
采取新技术 ×	采用新技术 √

从上面的例句可以看出：既可以说“采取正确方法”，也可以说“采用正确方法”。既可以说“采取合法手段”，也可以说“采用合法手段”。这说明“采取”和“采用”之间有共同之处，都可以表示“认为合适而选用”的意思。但“采取正确

态度”，不能换成“采用”；“采用稿子”、“采用新技术”也不能换成“采取”。这说明这两个词还有不同的地方：“采用”的对象常指具体的东西，“采取”的对象常指抽象的东西，并且由于它们构词的语素不同，所以“采用”强调“采而用之”，“采取”强调“采纳过来”。通过具体例句的比较分析，找出了异同的地方，就为我们辨析同义词提供了线索和根据。这告诉我们，遇到不易辨析的同义词，最好多列一些例句，通过对例句的分析归纳，就可以看出同义词的异同。

三、同义词的运用

（一）在词语运用方面要注意辨析同义词

我们在阅读、写作时，要仔细分辨同义词之间的细微差别，如果对同义词之间的差异把握不准，就会出现用词不当的毛病。下列句子中的画线的词都是使用不当的：

a. ※我在门前种的两棵树木已经有碗口那么粗了。

b. ※请你帮忙我把这个桌子抬上去。

c. ※今天天气暖和，很合适到山里去玩儿。

d. ※妈妈比五年前旧多了。

e. ※我愿望有机会能去香港看他。

f. ※这种药现在中国也可以产生了。

g. ※安娜最近越来越肥了。

a 中“树木”应改为“树”，因为“树木”是集体名词，不能受数量词“两棵”的修饰。b 中“帮忙”应改为“帮”，因为“帮忙”不能带宾语。c 中的“合适”应改为“适合”，因为“合适”是形容词，而“适合”才可以作动词，可以带宾语。d 中“旧”应改为“老”，因为“旧”只能用来形容事物，不能形容人。e 中“愿望”应改为“希望”，因为“愿望”是名词，不能带宾语，而“希望”可以作动词。f 中“产生”应改为“生产”，因为“生产”的东西常常是具体的，如“生产汽车”、“生产电冰箱”，而“产生”的东西常常是抽象的，如“产生感情”、“产生作用”，“药”是具体的东西，所以不能用“产生”，只能用“生产”。g 中“肥”应改为“胖”，因为“肥”只能形容动物，不能形容人。

（二）同义词的修辞作用

汉语里的同义词非常丰富，精心选用同义词，对增强语言的表达效果有很大作用。例如鲁迅先生《纪念刘和珍君》里有如下一段话：

长歌当哭，是必须在痛定之后的。而此后几个所谓学者文人的阴险的论调，尤使我觉得悲哀。我已经出离愤怒了。我将深味这人间的浓黑的悲凉；以我最大的哀痛显示于非人间，使它们快意于我的苦痛，就将这作为后死者的菲薄的祭品，奉献于逝者的灵前。

这段话中用了“痛”、“悲哀”、“悲凉”、“哀痛”、“苦痛”一组同义词，淋漓尽致地写出了作者眼见革命者惨遭屠杀而痛苦到极点的心情，如果单用“苦痛”一词，文章就会大为逊色。

再如鲁迅先生《藤野先生》里有一段话：

从此就看见许多陌生（原作“新”）的先生，听到许多新鲜（原作“新”）的讲义。

这段话中“陌生”和“新鲜”两个词，鲁迅先生原来都是用“新”这个词。如果用“新”的话，第一个“新”可以指“刚来的”，也可以指“生疏的”，第二个“新”，可以指“刚印好的”，也可以指“内容新鲜的”，句子的意思就不太明确。定稿时鲁迅先生把这两个“新”分别改为“陌生”和“新鲜”，意义就明确无误了。

此外，我们知道写文章是要避免同一个词语重复出现的。在一个句子或一段话中，重复用一个词表示同一个事物或同一个概念，就会显得呆板、单调。如果在上下文中交替着、交换着选用合适的同义词，不仅可以避免行文单调、重复，而且可以使意思表达得更精密、更圆满。例如老舍《骆驼祥子》中有一段话：

祥子是乡下人，口齿没有城里人那么灵便，设若口齿灵利是出于天才，他天生来的不愿多说话，所以也不愿学着城里人的贫嘴恶舌。

鲁迅《祝福》中有一段话：

人们都在灯下匆忙，但窗外很寂静。雪花落在积得厚厚的雪褥上面，听去似乎瑟瑟有声，使人更加感到沉寂。

老舍先生的一段话中交替使用了“灵便”和“灵利”（伶俐）两个同义词，鲁迅先生的一段话交替使用了“寂静”、“沉寂”这一对同义词，它们在上下文中表达相同的意思，比颠来倒去总用一个词活泼得多。

（三）同义词连用可以构成合成词和成语

同义词连用，尤其是单音节的同义词连用，可以构成很多的合成词和成语，从而进一步丰富了汉语的词汇。如：

变换　　贫穷　　丢失　　沉重　　古老

歌曲　　道路　　房屋　　离别　　纯洁

左顾右盼　说长道短　千辛万苦　同甘共苦

(四) 同义词可以用来解释同义词语

目:眼睛。

辛:辣。

眷念:想念。

拉肚子:腹泻。

薪水:工资。

一些古代的词语,如"目"、"辛",一些书面语,如"眷念",运用现代汉语中的常用同义词来解释它们的词义,简单明确,一目了然,是解释这些词时经常使用的一种方法。

练　习

一、找出下列各组句子中的同义词,并说明它们是等义词还是近义词:

1. 朋友之间应该互相帮助。——夫妻之间也应该相互尊重,相互理解。

2. 大草原一眼望不到边。——上课时要注意看黑板。

3. 这件衣服的样式不错。——他买的那件大衣式样很新。

4. 那位歌手拿话筒的姿势很怪。——买一台 VCD 送两个麦克风。

5. 汽车有毛病,不能开了。——每个人都有缺点。

6. 她是一个贤惠的妻子。——他老婆对他可好了。

7. 他妈妈是医院的大夫。——有病就应该看医生。

8. 中国也可以生产这种汽车了。——这件事对他产生了很大影响。

9. 飞机 8 点到达北京。——经过努力,他达到了自己的目标。

10. 他的寻呼机丢了。——你手机的号码是多少?

二、下列各组同义词在构成成分上有什么不同?请说明各组词的同和异,并分别造句:

例如:温柔——温顺

两个词都有"温和,不粗暴"的意思。但"温柔"这个词包含"柔"这个语素,词义侧重"柔和",如"她是一个温柔的妻子";"温顺"这个词包含"顺"这个语素,词义侧重"顺从,不反抗",如"她是一个温顺的女儿"。

1. 爱惜——爱护

2. 忽视——轻视

3. 请求——乞求

4. 坚决——坚定

5. 辩论——争论

6. 软弱——虚弱

三、下列各组句子表达的意思有什么不同？

1. 晚辈要尊重长辈。——晚辈要尊敬长辈。

2. 这是一个机密文件。——这是一个绝密文件。

3. 他热爱网球运动。——他酷爱网球运动。

4. 孩子最近进步明显。——孩子最近进步显著。

四、下列各句话中画线的词是单音节口语常用词，请写出它们的双音节同义词：

1. 家里穷，但是尽量省出一点钱给孩子买书。

2. 天气冷。

3. 买东西要挑合适的。

4. 景色很美，可惜在这里停留的时间太短了。

5. 这个剧本是谁编的？

6. 丝织品看上去有光，摸着挺软。

五、在同义词中选择一个适当的词同下列词语搭配：

1. 工作________ 交通________ （便利、顺利）

2. 房子________ 性格________ （坚强、坚固）

3. 字迹________ 说话________ （模糊、含糊）

4. 时间________ 理由________ （充裕、充分）

5. 国家________ 街道________ （繁荣、繁华）

6. 治疗的________ 中药的________ （效力、效果）

7. 规模________ 目标________ （远大、宏大）

8. 性格________ 身体________ （软弱、虚弱）

9. ________的结局 ________的生活 （美满、圆满）

10. ________目的 ________目的地 （达到、到达）

11. ________安静 ________现状 （保持、维持）

12. ________展览会 ________毕业典礼 （举行、举办）

13. ________身体 ________友谊 （保重、珍重）

14. ________文稿 ________账目 （校对、核对）

15. ________破旧衣物 ________妻子儿女 （抛弃、扔弃）

16. ________劝告 ________领导 （听从、服从）

六、根据句义在括号内的同义词中选用最恰当的一个词（在适当的同义词下画“—”），并简单说明理由：

1. 各大报纸都对这个重大（事件、事情）做了详细报道。

2. 老人很（善良、和善），对孩子从不发脾气。

3. 小王对他的新房子进行了(精心、细心)的设计。

4. 为了这篇论文,他(收集、聚集)了很多材料。

5. 大家都(夸奖、夸耀)安娜能干。

6. 他真(福气、幸运),买到了音乐会的票。

7. 他从公司回来,一连(睡眠、睡、睡觉)了 10 个小时。

8. 他经常看报、看电视,非常(关怀、关心)国家大事。

9. 你借给我的那几本(书、书籍),我都已经(看、阅读)完了。

10. 这时只有几个(房间、房屋)还亮着(灯火、灯)。

11. 李老师亲切的(教育、教诲、教训),使小陈明白了自己的错误。

12. 我昨天下午(一直、一向)在宿舍学习,哪儿也没去。

13. 约翰(一直、一向)喜欢晚饭后去湖边散步。

七、在同义词中选择一个最恰当的词填空:

1. 面貌、面目、面孔、面子

a. 看在你爸爸的__________上,今天我饶了你。
b. 在没有熟悉__________的人群里,他感受到了真正的寂寞。
c. 很好的一篇文章,被他改得__________全非。
d. 不懂就问,别怕丢__________。
e. 不知为什么,这两天她老是板着__________不高兴。
f. 这是一位乐观主义者,生活虽然艰苦,精神__________还是那么好。
g. 这项工程完成以后,城市交通__________将会发生很大改变。
h. 若是学习成绩不好,我没有__________去见父母。

2. 停顿、停滞、停留、停放

a. 商店门前不允许__________自行车。
b. 他在上海__________了两三天,然后才转车去杭州。
c. 读课文要注意__________,不能一口气念下去。
d. 近年来经济发展__________,失业人口增加。
e. 他的汉语还__________在一年级的水平上。

f. 在大街上随便__________汽车是会被罚款的。

3. 亲密、亲切、亲近、密切

a. 安娜和玛莉虽然不是一个班的学生，但俩人的关系十分__________。

b. 咱俩年龄差不多，你叫我的名字比叫我老师显得更__________。

c. 他对人很热情，大家都愿意__________他。

d. 从前我们是__________的战友，如今又是一个公司的同事。

e. 他当然不喜欢你和男同事们那种__________无间的样子。

f. 这事和我关系__________，我要出面说清楚。

g. 我们忘不了父亲__________的教导。

h. 爷爷住院后，旧病没好，又添了新病，大夫让我们__________注意爷爷的血压。

4. 忽然、突然、猛然

a. 这时外边电光一闪，__________一个响雷当头打下，似乎房间都有点震动。

b. 孩子的举动太__________了，竟使我不知怎样才好。

c. 做了一个噩梦，__________醒来，发现天已经大亮了。

d. 那孩子，因为受到了__________的打击，在那儿已经呆呆地坐了一小时了。

八、修改病句，并简单说明理由：

1. 指南针是中国古代的一大发现。

2. 时间是宝贵的，人人都要爱护它。

3. 如果明天气候晴朗，我们一早就出发。

4. 大家都要养成讲文明礼貌的习气。

5. 有的动物对天气变化非常敏捷。

6. 我看他并没有讽刺你的意思，你是不是太敏锐了。

7. 这么好的机会，我们不能容易地放过。

8. 他是个精力很充实的年轻人。

9. 你应该可惜你的身体，少喝酒，少抽烟。

10. 天气冷了，请宝贵你的身体。

11. 爸爸妈妈年岁大了，我非常关怀他们。

12. 我已经出院了，下星期可以去上课，谢谢老师的怀念。

13. 他父亲是一个很慈爱儿女的老人。

14. 祥子是个老实的洋车夫，他也恐怕警察。

15. 安娜嫌疑她的男朋友看上了别的女人。

16. 这封信写得太长了，有事后来再写吧。

九、从意义、用法和附属色彩等方面辨析下列同义词，注意用例句说明：

1. 发明——发现

2. 害怕——胆怯

3. 热情——热心

4. 突然——忽然

十、思考并回答下列问题：

1. 近义词和等义词有什么不同？请举例说明。
2. 辨析同义词可以从几个方面进行？请举例说明。
3. 同义词在意义上一般有哪些方面的区别？请举例说明。
4. 同义词在附属色彩方面一般有哪些方面的区别？请举例说明。
5. 同义词在用法上一般有哪些方面的区别？请举例说明。
6. 说话、写文章时，运用同义词有什么作用？请举例说明。

第九章 反义词

本章术语 **反义词、反义表述、绝对反义词、相对反义词**

本 章 要 点

1. 语言中能表示相反意义的词语或表达方式很多,但不都是反义词。构成反义词有很多条件。
2. 反义词有绝对反义词和相对反义词两种类型。
3. 由于有多义词和同义词的存在,使得反义词的对应关系比较复杂,有时一个词有不止一个反义词。
4. 用反义词可以构成不少双音词。注意不要根据用以构词的反义词的词性来判断由它们构成的双音词的词性。

一、反义表述和反义词

我们说话、写文章时常常需要反义表述,也就是说,用相反说法的对比来表达自己的想法。例如:

a. 他很大方,但他女朋友却很小气。

b. 学汉字对日本、韩国同学来说不难,对欧美同学来说却很难。

反义词是意思相反的一组词。例 a 用反义词(大方——小气)表示相反的意思,例 b 用加否定词的办法(难——不难)表示相反的意思。例 a 和例 b 都属于反义表述。

我们常常用在原词前面加否定词的方法表示相反的意思,如用“好”与“不好”、“美”与“不美”、“正确”与“不正确”,以及“有意思”与“没意思”、“有权”与“没权”等来表示相反的意思,但它们不是反义词。因为“不好”、“不美”等是用“不”和另一个词组成的词组,“有权”、“没权”等是用“有”、“没”和另一个词组成的词组,它们不是单独的词。这些表示相反意思的词、词组虽然是反义表述,但不是反义词。

二、构成反义词的条件

语言当中具有相反意思的词语很多，如“高”和“不高”、“小”和“重”、“宽”和“狭窄”、“缺点”和“完美”、“诞生”和“死”，但它们都不属于反义词。“高”和“不高”为什么不是反义词，前面我们已经说明过了。至于后面几组词为什么也不是反义词，是因为它们不符合以下构成反义词的条件。

（一）反义词双方必须表示同类的事物或概念

所谓反义词，其实要求异中求同，反义词双方应该属于同一个上位概念下的几个对立的下位概念，它们表示的是同类的事物或概念。例如“男”和“女”，都属于“性别”这个上位概念下的相互对立的两个下位概念，二者都表示性别；“远”和“近”都表示距离；“黑”和“白”都表示颜色；“大”和“小”都表示体积、面积；“重”和“轻”都表示重量。而“小”和“重”则不是反义词，因为它们所指称的不是同类事物（“小”指体积、面积等；“重”指重量），没有反义词双方所必须具备的同一性。

（二）反义词双方音节数目必须相同

反义词经常被用于对举、对比，如：

①虚心使人进步，骄傲使人落后。

②世界上最快而又最慢，最久而又最短，最易被人忽视而又最令人后悔的，就是时间。

这就促使人们对反义词要求形式上对称、均匀，要求单音节对单音节、双音节对双音节、多音节对多音节，例如：

白——黑	雪白——漆黑	白不呲咧——黑不溜秋
宽——窄	宽阔——狭窄	
轻松——沉重	轻飘飘——沉甸甸	

而“宽”与“狭窄”就不是一组反义词，因为“宽”是单音节，“狭窄”是双音节，两个词音节数目不同，不能构成反义词。

（三）反义词双方的词性必须相同

词性不同的词，往往表达的也是不同性质的概念，名词表达的是事物，形容词表达的是事物的性质状态，动词表达的是动作行为。所以，有些词之间虽然有反义的意味，但如果词性不同，我们也不能看作是反义词。例如“傻子”（名词）和“聪明”（形容词），“缺点”（名词）和“完美”（形容词），虽然它们有反义意味，但都不是反义词，只有词性相同的具有反义意味的词才能构成反义词。

反义词当中形容词最多，如：

厚——薄　　粗——细　　软——硬　　香——臭

宽——窄　　伟大——渺小　　诚实——虚伪　　单纯——复杂

高尚——卑鄙　　光明——黑暗　　积极——消极　　骄傲——谦虚

有一些是名词，如：

天——地　　天堂——地狱　　战争——和平　　优点——缺点

主观——客观　　朋友——敌人　　君子——小人　　现象——本质

有一些是动词，如：

爱——恨　　买——卖　　拥护——反对　　扩大——缩小

建设——破坏　　服从——反抗　　呐喊——沉默　　团结——分裂

只有少数反义词是其他词性的词，如：

副词：经常——偶尔　　代词：自己——别人

副词：暂时——永久

（四）反义词双方的语体色彩要有一致性

反义词双方在语体色彩方面应该具有一致性。例如：

大方——小气　　慷慨——吝啬

生——死　　诞生——逝世

买——卖　　购——销　　购买——销售

以上反义词双方的语体色彩都是一致的："大方"和"小气"是口语词，"慷慨"和"吝啬"是书面语词，"生"和"死"是通用语词，"诞生"和"逝世"是书面语词，"买"和"卖"是通用语词，"购"和"销"、"购买"和"销售"是书面语词。

语体色彩不同的，如"卖"和"购"虽然在意义上具有反义关系，但在人们意识中，"卖"和"买"的对立性更加鲜明强烈。这是因为"卖"和"购"的语体色彩不同，彼此出现的范围有差别，很少用于对举。我们一般说"买卖公平"、"现买现卖"、"买空卖空"、"购销两旺"、"统购统销"等，不说"购卖公平"、"现购现卖"、"统购统卖"。"卖"和"购"缺乏一般反义词经常用于对举的特点，很难给人形成鲜明的反义印象，这也是反义词双方在语体色彩上应该具有一致性的例证。

从以上构成反义词的一些条件可以看出，反义词在义反的基础上，彼此尽量求同，如要求音节相同、词性相同、语体色彩相同等。这与同义词正好相反，同义词往往是在义同的基础上，总是存在着区别，如用法不同、语体色彩不同等。同义词是同中求异，反义词则是异中求同。

三、反义词的类型

一般把反义词分为两种。

（一）绝对反义词

这类反义词表示事物相反的两面，它们的特点是非此即彼，不存在中间状况。在实际运用时，肯定一方必然否定另一方，否定一方必然肯定另一方。例如：

真——假　　死——活　　男——女

正确——错误　　出席——缺席　　合法——非法

上述各组反义词，都没有中间状况存在——不是“真”就是“假”，不是“死”就是“活”，不是“男”就是“女”，不是“正确”就是“错误”，二者必居其一。既不是真的也不是假的、既不死又不活的中间现象是不存在的。人们平时说的“半死不活”，那只是一种修辞性的讲法，其实仍是活着。在实际运用时，如果说“这不是真的”，意思就是“这是假的”。同样，如果说“他没死”，意思就是“他仍旧活着”。这类反义词从否定入手，可以达到肯定对方的目的。

（二）相对反义词

这类反义词表示事物对立的两种情形，它们的特点是存在中间状况。用起来，肯定一方必然否定另一方，但否定一方不能肯定另一方。例如：

黑——白　　大——小　　美——丑

反对——拥护　　寒冷——温暖　　困难——容易

上述各组反义词表示的事物对立的两个极端，二者之间都存在中间状况——“黑”和“白”之间还有“红”、“黄”、“蓝”等；“大”和“小”之间还有“中”；“反对”和“拥护”之间还有“弃权”。在实际运用时，如果说“这是黑的”，自然就“不是白的”，但如果说“这不是黑的”，却不一定是“白的”，因为也可能是“红的”、“黄的”、“蓝的”。这类反义词，如果从否定入手，往往达不到肯定对方的目的。

四、反义词的对应关系

由于有多义词和同义词的存在，使得反义词的对应情况比较复杂。有时一个词有不止一个反义词，如“瘦”不仅和“胖”构成反义关系，“瘦”和“肥”也可以构成反义关系。有时两个词虽然是反义词，但两个词不是任何时候都构成反义关系，如“生”和“死”是一对反义词，但当“死”表示“达到极点”（如“热死了”、“难受死了”）时，“生”就不能与这个意义的“死”构成反义关系。了解反义词的对应关系，有助于了解反义词的运用。下面我们以词的义项为单位介绍反义词的对应关系。

（一）单义词对单义词

输——赢　凹——凸　恩人——仇人　非法——合法

勤奋——懒惰　刺耳——悦耳　乐观——悲观　优点——缺点

（二）单义词同多义词的某个义项构成反义关系

买　拿钱买东西。

卖　①拿东西换钱。②为了自己的利益出卖祖国或亲友：卖国|卖友。③尽量用出来；不吝惜：卖劲儿|卖力气。

“买”是单义词，“卖”是多义词，“买”只与“卖”的①义构成反义关系。

哭　因痛苦悲哀或感情激动而流泪。

笑　①露出愉快的表情，发出欢喜的声音。②讥笑：耻笑|见笑。

“哭”是单义词，只与多义词“笑”的①义构成反义关系。

成功　获得预期的效果。

失败　①在斗争或竞赛中被对方打败：非正义的战争注定是要失败的。②工作没有达到预定的目的：试验失败|失败是成功之母。

“成功”是单义词，只与多义词“失败”的②义构成反义关系。“失败”①义的反义词是“胜利”，不是“成功”。

（三）多义词和多义词在某个义项上构成反义关系

真　①真实。②的确；实在：时间过得真快。③清楚确实：黑板上的字你看得真吗？

假　①虚伪的；不真实的。②假定：假设|假说。③借用：假人之手。

“真”和“假”都是多义词，只有“真”的①义和“假”的①义能构成反义关系。

生　①生育：生孩子。②生长：生根。③生存；活：贪生怕死。④生计：谋生。⑤使柴、煤等燃烧：生火。

死　①（生物）失去生命。②不顾生命；拼死：死守。③表示达到极点：笑死人|高兴死了。④不可调和的：死敌|死对头。⑤固定；死板；不活动：死脑筋|把时间定死。

“生”和“死”都是多义词，两个词只有“生”的③义和“死”的①义构成反义关系。

（四）多义词和多义词在多个义项上构成反义关系

冷　① 温度低；感觉温度低：冷水|你冷不冷？

② 使冷：冷一下再吃。

③ 不热情；不温和：冷冷地说了声“好吧”。

④ 寂静;不热闹:冷落|冷清清。
⑤ 生僻;少见的:冷僻。
⑥ 不受欢迎的;没人过问的:冷门|冷货。
⑦ 乘人不备的;暗中的;突然的:冷箭|冷枪。
⑧ 比喻灰心或失望:心灰意冷。

热 ① 物体内部分子不规则运动放出的一种能。
② 温度高;感觉温度高:热水|三伏天很热。
③ 使热;加热(多指食物):热一下饭。
④ 生病引起的高体温:发热|退热。
⑤ 情谊深厚:热心肠儿。
⑥ 形容非常羡慕或急切想得到:眼热。
⑦ 受到很多人欢迎的:热门儿|热货。
⑧ 加在名词、动词或词组后,表示形成的某种热潮:旅游热|足球热。

“冷”和“热”的各个义项之间,冷①和热②、冷②和热③、冷③和热⑤、冷⑥和热⑦分别构成反义关系。这类词常见的还有“深”和“浅”、“上”和“下”、“好”和“坏”、“长”和“短”、“光明”和“黑暗”、“高潮”和“低潮”等。

(五) 多义词同多个不同的词构成反义关系

瘦 ① 脂肪少;肉少:他越来越瘦了。——此义的反义词是“胖”。
② 食用的肉脂肪少:瘦肉。——此义的反义词是“肥”。
③ 衣服鞋袜等窄小:裤子太瘦。——此义的反义词是“肥”。

快 ① 速度高。——此义的反义词是“慢”。
②(刀、剪、斧子等)锋利。——此义的反义词是“钝”。

清淡 ①颜色、气味等不浓:兰花的香味很清淡。——此义的反义词是“浓郁”。
② 食物含油脂少:我想吃点清淡的菜。——此义的反义词是“油腻”。
③ 营业数额少:生意清淡。——此义的反义词是“兴隆”。

大方 ① 对财物不计较:出手大方。——此义的反义词是“小气”。
② 言谈、举止自然;不拘束:举止大方。——此义的反义词是“拘束”。
③ 样式、颜色等不俗气:陈设大方。——此义的反义词是“俗气”。

由于一个词可能有多个反义词,所以我们在句中运用反义词说明事物的对立面时,要注意根据句中词语的具体含义选择恰当的反义词。例如,“大方”表示“对财物不计较”时的反义词是“小气”,表示“举止自然”时的反义词是“拘束”或“拘谨”,所以,我们不能说※“他见人说话就脸红,一点也不大方,显得很小气”,只能说“他见人说话就脸红,一点也不大方,显得很拘束”。

以上我们介绍的都是现代汉语中反义词的对应关系。有一点需要说明的是，现代汉语和古代汉语的反义词有不一致的地方，如：

现代汉语	古代汉语
苦——甜	苦——甘
真——假	真——伪
爱——恨	爱——憎

古代汉语的反义词，有很多在现代汉语中已不能单独成词，多作为语素保留在成语中，如“苦尽甘来”、“真伪莫辩”、“爱憎分明”等。

五、反义词的运用

（一）用反义词可以构成不少双音词

a. 买卖	死活	进出	呼吸	赏罚
b. 大小	深浅	高低	冷暖	轻重
c. 古今	中外	昼夜	夫妻	官兵
上下	前后	左右	内外	表里

以上 a、b、c 组分别是由反义的动词、形容词、名词构成的双音词。

值得注意的是，这些反义词构成的双音词的意义往往不是两个语素义的简单相加，有的是语素义的引申，如：

轻重　指程度的深浅，也指事情的主次，如“工作要分轻重，不能一把抓”。

冷暖　泛指人的生活起居，如“关心群众的冷暖”。

左右　除了可以指具体的“左和右两个方向”以外，也指抽象的范围，如“明天下午我四点左右去看你”，还可以表示“支配、操纵”的意思，如“左右局势”。

有的词中只有一个语素有意思，另一个语素的意思消失，如：

动静　指动作、说话的声音，“静”在词中意义消失。

好歹　指危险，“好”在词中意义消失。

很多由反义词构成的双音词的词性常常跟语素原来的性质不同，如“卖”和“买”原来都是动词，可是它们构成的双音词“买卖”却是名词；“高”和“低”是形容词，双音词“高低”却是名词；“左”和“右”是名词，双音词“左右”有时却是动词。

一般来说，由反义的**动词性语素**构成的双音词有的仍为动词，如“呼吸”、“进出”、“收发”，有的变成了名词，如“买卖”、“开关”、“胜败”。由反义的**形容词性语素**

构成的双音词多为名词，如“大小”、“长短”、“深浅”。由反义的**名词性语素**构成的双音词多为名词，如“中外”、“古今”、“男女”，有的兼作副词，如“左右”。

我们在运用这些由反义词构成的双音词时，注意不要根据用以构词的反义词的词性来判断由它们所构成的双音词的词性。

此外，语言当中有些合成词，只要将其中一个语素换成反义的语素，就可以构成这个合成词的反义词，如：

高级——低级　　美化——丑化　　开幕——闭幕
正面——反面　　上游——下游　　进步——退步

但是并不是所有的合成词都可以用这种方法构成反义词，如：

“重”和“轻”具有反义关系，但“重点”的反义词不是“轻点”，“轻装”的反义词也不是“重装”，汉语词汇中没有“轻点”、“重装”这样的词。我们在学习汉语时，注意不要随意利用词语之间的反义关系生造汉语没有的词。

（二）反义词可以搭配构成熟语

反义词搭配，构成了许多的成语或四字格短语，例如：

大同小异　　口是心非　　取长补短　　生离死别
大惊小怪　　同甘共苦　　互通有无　　难分高低

由反义词搭配成的成语，两方面形成鲜明的对照，言简意赅，生动有力。

不少的谚语也运用了反义词，表现力很强。例如：

失败是成功之母。
吃苦在前，享乐在后。
好话一句三冬暖，恶语伤人六月寒。
先天下之忧而忧，后天下之乐而乐。

（三）在句中运用反义词可以强调事物现象的对立和矛盾，增强语言的表现力

我们运用反义词来写景、抒情、记事，能把事物矛盾对立的两个方面揭示得很清楚。因此在写文章、说话时，如果需要表达鲜明对比的情景，就可以采用适当的反义词。例如：

一路迎着溪流，随着山势，溪流时而宽，时而窄，时而缓，时而急，溪声也时时变换调子。

这里用了“宽”与“窄”、“缓”与“急”两组反义词，把小溪流绕山而过的情态，写得活灵活现，跃然纸上。再如：

燕子去了，有再来的时候；杨柳枯了，有再青的时候；桃花谢了，有再开的时候。但是，聪明的，你告诉我，我们的日子为什么一去不复返呢？

这个例子用了“去”和“来”、“枯”和“青”、“谢”和“开”三组反义词，把宇宙间有一些事物“去”而再“来”、“失”而复“得”的情形，强烈对比地反映了出来。

练　　习

一、下列各组词是否反义词？如果不是，请说明原因：

难——不难　　难——容易　　困难——容易

黑糊糊——白不呲咧　　有——没有

生——逝世　　巧——笨拙　　败仗——胜利

缺点——聪明　　慷慨——小气　　浪费——吝啬

二、根据意义关系的不同，把下列反义词分成两大类，并说明这两类反义词的区别：

无——有　　高——矮　　动——静

拥护——反对　　男——女　　困难——容易

第一类：

第二类：

区别：

三、选择合适的反义词填空：

1. 幼稚——成熟、老练

(1) 这套设想现在________了，以前只是一种幼稚的想法。

(2) 小王有办法，处理事情显得________，小张就显得幼稚些了。

2. 失败——成功、胜利

(1) 失败是________之母。

(2) 战争以我们________、敌人失败告终。

3. 轻松——紧张、沉重、繁重

(1) 他总是挑轻松的活干，不愿干________的活。

(2) 上考场时没有一个人感到轻松，但有些人却显得过分________了。

(3) 听到这个消息，人们轻松的心情一下子变得________了。

4. 冷——暖、热

(1) 春天到了，天气渐渐由冷变________了。

(2) 现在的天气不冷不________,特别舒服。

(3) 饭凉了,________一下再吃吧。

5. 呆板——灵活、自然、机灵

(1) 他表演得很呆板,一点也不________。

(2) 这场球这么打很________。

(3) 这个孩子闷头坐半天,显得呆板,那个孩子问这问那、东奔西跑,显得很________。

四、“困难”和“容易”、“富裕”在什么情况下分别构成反义关系,“失败”和“成功”、“胜利”在什么情况下分别构成反义关系,请举例说明:

五、利用《现代汉语词典》说明下列多义词分别在哪些义项上构成反义关系:

深——浅

好——坏

六、写出反义词:

富——	松——	胜——	浮——
丑化——	讨价——	渺小——	高级——
内销——	开幕——	天堂——	安全——
困难——	私事——	宽敞——	悦耳——
真相——	清醒——	眼熟——	停业——

七、填上意义相反的词,组成成语:

东张____望　　转____为胜　　有____有终　　____因后果

积____成多　　顶____立地　　声____击西　　弄____成真

九死一____　　口____心非　　化____为零　　____龙去脉

古为____用　　____材小用　　无中生____　　大____小异

深入____出　　先____后己

八、在下列句子里填上适当的反义词：

1. 一段时间下来，才四十出头的他，乌黑的头发就变成________的了。
2. 你认为那是废物，在我看来却是难得的________。
3. 不管他是成心还是________，这样做都是不好的。
4. 因为她的精心喂养，原来瘦弱的小羊羔变成了________的小羊了。
5. 他从前词汇贫乏，文章写得干瘪难读，经过一年的刻苦努力，词汇________了，文章也写得生动活泼了。
6. 到了这个时候，要果断地作出决定，不能再________了。
7. 屋子里黑糊糊的，打开电灯，顿时就变得________的了。
8. 你们俩的气质不同，她适合穿鲜艳点的，你适合穿________点的。
9. 参加这次运动会的，有业余运动员，也有________运动员。
10. 这两个国家结束了长期的________关系，开始了一种友好的关系。
11. 这个原来在乒坛上无足轻重的小伙子，现在已是________的人物了，不可小视。
12. 过去一直住在________房屋的人们现在也住上了豪华的楼房了。
13. 随着生活水平的提高，一些滞销的高档商品，逐渐变得________了。
14. 时常揭你________的人，不一定是仇人；时常说你长处的人，不一定是朋友。

九、人们在写文章时，常常运用反义词表现事物对立的两面，增强语言的表现力，请写下两个你平时看到的很好地运用了反义词的句子：

十、下列各组合成词都含有反义语素，各组合成词是不是反义词？

公营——私营　　　　热心——凉心

乐观——悲观	死敌——生敌
人道——兽道	出境——入境
美化——丑化	恶化——好化

十一、思考并回答下列问题：

1. 什么是反义词？反义词可以分成哪几类？
2. 构成反义词有哪些条件？请举例说明。
3. 是不是一个词只有一个反义词？请举例说明。
4. 反义词在构词、造句方面有什么作用？请举例说明。

第十章　同音词

本章术语　同音词、同形同音词、异形同音词

本　章　要　点

1. 同音词是读音完全相同的词。如果声母、韵母或声调有一种不同，就不能看作同音词。
2. 按照同音词书写形式是否相同，可以将同音词分为同形同音词和异形同音词两种。
3. 同音词的运用主要是利用其语音相同而意义不同的特点来构成谐音双关。
4. 许多错别字与同音词现象有联系。

一、什么是同音词

读音完全相同的词叫同音词。例如：

和 hé —— 河 hé
吉利 jílì —— 极力 jílì
目的 mùdì —— 墓地 mùdì

同音词的语音完全相同是指声母、韵母和声调都相同，如果这三个部分有一个不同，就不能看做是同音词。例如：

① 夫人 fūrén —— 富人 fùrén
考验 kǎoyàn —— 烤烟 kǎoyān
② 东西$_1$ dōngxī —— 东西$_2$ dōngxi
大意$_1$ dàyì —— 大意$_2$ dàyi
③ 盖 gài —— 盖儿 gàir
个 gè —— 个儿 gèr

上面三组词中，第一组词声调不同，第二组有轻声和非轻声的差异，第三组有儿化和不儿化的不同，所以这三组词都不能看做同音词。

有人曾对《汉语拼音词汇》中的同音词进行过统计，这本书共收词 59100 多个，其中同音词 5500 多个，约占总数的 9.5%。这说明现代汉语中的同音词还

是有一定数量的。

二、同音词的类型

按照同音词的书写形式是否相同，可以将同音词分为同形同音词和异形同音词两种。

（一）同形同音词

书写形式相同的同音词叫同形同音词。例如：

会$_1$　有一定目的的集会，如“开会”、“联欢会”。
会$_2$　懂得怎样做或有能力做，如“会滑冰”、“会走路”。

才$_1$　表示事情发生或结束得晚，如“大雨到晚上才停”、“快下课了他才来”。
才$_2$　才能，如“多才多艺”、“他很有才”。

生气$_1$　因不合心意而不愉快，如“他生气走了”。
生气$_2$　生命力；活力，如“青年人是最有生气的”。

满月$_1$　婴儿出生满一个月，如“孩子快满月了”。
满月$_2$　农历每月十五日的月亮，也叫“望月”。

仪表$_1$　人的外表，如“仪表堂堂”。
仪表$_2$　用于测量的仪器，如“气象仪表”。

（二）异形同音词

书写形式不同的同音词叫异形同音词。包括两种情况：

1. 书写形式有同有异

例如：

变异——变易　　加法——家法
寿命——受命　　家境——佳境
条理——调理　　变换——变幻
归公——归功　　事物——事务
人士——人事——人氏——人世

2. 书写形式完全不同

例如：

话——化——画
田——填——甜
按——暗——岸——案

诗——师——失——湿——尸——狮

著名——注明　　　　销售——消瘦

年夜——黏液　　　　报复——抱负

单价——担架　　　　夕阳——西洋

住院——祝愿　　　　占有——战友

同形同音词和异形同音词在现代汉语中各占多大比例，目前还没有人作过统计。有人曾对《现代汉语词典》中的双音节同音词作了统计。他们的统计结果是，词典收双音词39000个左右，其中同音词大约有168组，包括346个词，其中同形的只有65组，包括130个词，约占双音同音词总数的37%。异形的有103组，包括216个词，约占双音同音词总数的62%。总的看来，异形的同音词的数目是大大超过同形同音词的。

三、同音词的运用

同音词的运用主要是利用其语音相同而意义不同的特点来构成谐音双关。谐音双关在日常交际和文学作品的创作中有广泛的运用。

人们常常利用同音词语音相同的偶然性，巧妙地使正常情况下不相干的两个词联系起来，造成语言的幽默。例如：

一天，在公共汽车上，有两个似乎很久没有见面的老朋友在交谈：

高个子的问："好久没见，躲到哪儿去了？"

……

矮个子："老早调了。"

高个子："调哪儿去了？"

矮个子："五官科。"

"什么？五官科？"高个子惊奇起来："你不是学财经的吗？怎么改行从医了？"

"不是到医院的五官科。"矮个子解释说："而是我新调的科，有五个科长，就我一个科员，所以，人们管它叫'五官科'……"

这段话利用了"器官"的"官"和"外交官"、"官员"的"官"的同音。

中国的相声也大量运用了这种语言的艺术，如相声《白骨精现形记》中有这么一段：

甲　历史上有些女豪杰，有文有武，有的当了皇帝，有的当了皇太后。你们说我像皇帝哪，还是像太后呢？

乙　你是太厚！

甲　我是什么太后？

乙　你是脸皮太厚！

这段话利用了“厚”和“后”的同音。

谐音双关还能构成歇后语，如：

茶壶里煮饺子——倒（道）不出来

嗑瓜子嗑出臭虫来——什么仁（人）都有

对着窗户吹喇叭——鸣（名）声在外

同时，由于大量同音词的存在，有时也会造成句子歧义，在口语中造成理解上的混乱。例如：

① 他姓 zhāng。

② 他们全 bù 来了。

③ 小王期 zhōng 考试全优。

人们听到这些话以后，就可能有疑问。例①是“他姓张”还是“他姓章”？例②是“他们全部来了”还是“他们全不来了”？例③是“期中考试”还是“期终考试”？当然这些句子只要一写下来，就不会有歧义。但是在口语中，为了避免造成误解，还是应该尽量回避使用容易引起其他意义联想的词。如“小王期终考试全优”，“期终”可改为“期末”；“他们全部去了”可以改为“他们全都去了”。像“他姓 zhāng”这样无法改用其他词的句子，可在句中加上解释的词语，如“他姓张，弓长张”或“他姓章，立早章”。

四、同音词和写别字

由于现代汉语中同音词比较多，使得人们在写作的时候容易写别字，比如把“健康”写成“建康”、把“知道”写成“知到”等。对留学生来说，写别字大致有以下几种情况：

（一）完全同音的别字

例如：

a. 他下午长去踢球。（长——常）

b. 我们班同学各各都很认真。（各各——个个）

c. 请你在说一遍，好吗？（在——再）

d. 我爸爸不再家。（再——在）

e. 这个歌星很有明气。（明——名）

以上各句中的别字读音相同，但书写形式完全不同，这些字的意义相差很大，只要书写时注意检查字的含义，就能发现纠正。

f. 他每天奇自行车来上课。（奇——骑）

g. 他终于有了一辆自己的气车。（气——汽）

h. 刚来中国的时候，我不会用快子。（快——筷）

i. 这是我弟一次来中国。（弟——第）

以上各句中的别字读音相同，但书写形式相近，这种类型的别字比较多。这类别字往往都是形声字，学生往往写错表示字义的形旁。如“骑自行车”写成“奇自行车”，“骑”少了马旁；“汽车”写成“气车”，“汽”少了三点水；“筷子”写成“快子”，“筷”少了竹字头。

（二）读音相近的别字

读音相近的词虽然不是同音词，但对学习汉语的学生来说，在没有完全掌握好汉语的时候，写作时常常会用读音相近的字来替代原来的字，造成写别字，并且这种别字的数量还不少。例如：

a. 我来中国一前在台北学了两个月汉语。（一——以）

b. 我听说中国人说汉语相长歌。（相——像，长——唱）

c. 你好，来信受到。（受——收）

以上各句的别字读音相近，但书写形式完全不同。这类别字的意义相差很大，只要书写时注意检查字的含义，就能发现错误。

d. 他父母对我很热请。（请——情）

e. 祝原你身体健康。（原——愿）

f. 我们下午三点种见面吧。（种——钟）

以上各句的别字读音相近，书写形式也相近。这类别字也往往是形声字，学生往往弄错字的形旁。如“热情”写成“热请”，把“情”的竖心旁写成言字旁；“祝愿”写成“祝原”，“愿”少了心字旁；“三点钟”写成“三点种”，把“钟”的金字旁写成禾字旁。这些字只要弄清词义，注意字的形旁就可以避免错误。

练　　习

一、写出下列各词的拼音，并判断各组词在现代汉语中是不是同音词：

1. 合适——核实

2. 男人——懒人

3. 修理——秀丽

4. 会议——会意

5. 画——画儿

6. 价值——架子

7. 自然(自然界)——自然(不勉强,不拘束,不呆板)

8. 妻子(妻子和儿女)——妻子(老婆)

二、填空:

1. 按照同音词的书写形式是否相同,可以将同音词分为两类,一类是__________词,例如(填两组):__________、__________;一类是__________词,例如(填两组):__________、__________。
2. 同音词的运用主要是利用其语音相同而意义不同的特点来构成__________。

三、下列诗句哪些地方运用了谐音双关?

1. 雨里蜘蛛还结网,
   想晴惟有暗中丝。(《广东谣》)

2. 春蚕到死丝方尽,
   蜡炬成灰泪始干。([唐]李商隐《无题》)

3. 郎做天平姐做针,
   一头砝码一头银,
   情哥不必闲敲打,
   我也知道重和轻,
   只要针心对针心。(安徽歌谣《只要针心对针心》)

4. 东边日出西边雨,
   道是无晴却有晴。([唐]刘禹锡《竹枝词》)

四、请用谐音双关解释下列现象:

1. 为什么中国民间风俗画和年画中经常会出现"鱼",如有的画鱼和莲花,有的画小孩抱着鱼?为什么中国人过年的时候要吃鱼?
2. 中国人送礼为什么一般不送钟?
3. 为什么中国人和亲人朋友一起吃梨时,一般不分吃一个梨?
4. 为什么在一个家庭中,如果妻子对丈夫管得很严格,人们就会嘲笑这位丈夫得了“气管炎”？

5. 现在有些中国人希望电话号码、手机号码、汽车车牌号码中有“八”，有的商店喜欢在八月八号开业，这些人为什么喜欢“八”这个数字？

五、用汉字写出下列句子，然后说明在口语中下列句子有没有歧义：

1. Yíqiè xiàng qián kàn.

2. Tā yánjiū xīnwénxué.

3. Jīntiān jìnxíng qīzhōng kǎoshì.

4. Qiánmian zǒu guòlái yí duì qīngnián.

5. Tā yǒudiǎn jiāoqì.

6. Shíyàn zhèngmíng, zhè zhǒng yào yǒu zhì'ái zuòyòng.

六、改正下列句子中因为读音相同或相近而写错的别字：

1. 下午天气不太热，出来游泳的人就漫漫多了起来。

2. 你看电视，影向我学习。

3. 现在比一前好一点了。

4. 现在的人民大学和两年前差不多，只有很少的变花。

5. 最后我想比交简单地介绍一下我的情况。

6. 五月有老动节，还有清年节。

7. 为了当日语老师，我陪训了一年。

8. 过了一个星期，我受到他的信，高兴的不得了。

9. 谈联爱的时候，都不愿意路出自己的缺点。

10. 学校九月分开学。

11. 我觉定从明天开始好好学习。

12. 老师，我很想知到我的考试成级。

13. 千万别忘了给我奇照片。

14. 老师总是要求我们安时上课,安时交作业。

15. 我不知道她的名子。

七、找出下列句子中的别字,并说明这些写错的字在字形方面有什么特点:

1. 我给朋友打电话,邀情他们来我家看一看。

2. 战争往往给人们带来无限的痛苦和惊荒。

3. 我想申清跟中国人住在一起。

4. 我很但心我父母的身体。

5. 中国的老百性都很热情。

6. 他的男朋友一点也不成实。

八、思考并回答下列问题:

1. 什么是同音词?请举例说明。
2. 同音词有哪几种类型?请举例说明。
3. 人们在语言运用中怎样利用同音词的特点?请举例说明。

第十一章 同素词

本章术语 同素词、同序同素词、逆序同素词

本 章 要 点

1. 同素词是一组语素相同的词。同素词的形成有多种原因。
2. 同素词虽然语素相同,但词义往往有区别。对同素词,尤其是对语素次序相反的逆序同素词,应注意辨析。

一、什么是同素词

语素相同的一组词就是同素词。例如"离别"和"别离"都是由语素"离"和"别"组成的,所以"离别"和"别离"就是一组同素词;"式样"和"样式"都是由语素"式"和"样"组成的,"式样"和"样式"就是一组同素词。

词和词彼此语素相同,词义上也就容易存在同义关系。我们在讲同义词时,列举的"合适"和"适合","产生"和"生产"等同义词,同时也是同素词。但是,同素词并不都是同义词,同义词也并不都是同素的。讲同素词是从词的构成语素的联系方面说明词与词之间的关系,讲同义词是从词义方面的联系说明词与词之间的关系。同素或同义是从不同的角度说明词与词之间的关系,同素词和同义词只是在具体词语上有交叉而已。

二、同素词的形成原因

多数同素词是由于我们创造新词时,用了相同的语素而采用了不同的结构方式形成的。例如利用"细"和"心"做语素,采用了定中式和主谓式两种语法结构,并颠倒它们的顺序,就形成了"细心"和"心细"两个同素词;利用"黄"和"金"做语素,采用"黄"限制"金"和"金"限制"黄"两种不同的方法,就构成了"黄金"和"金黄"两个同素词。利用这种方式形成的同素词,多是为了表达不同的概念而形成的词义不同的同素词。

少数同素词是由同义语素采用并列结构的方式构成的,语素次序的变化,既不改变结构关系,也不影响整个词的词义,如"离别"是由意思相同的两个语

素“离”和“别”组成的并列结构的词，“离别”也可以说成“别离”，意思不变；“阻拦”是由“阻”和“拦”两个同义语素组成的并列结构的词，“阻拦”可以说成“拦阻”，意思不变；这些同素词，可能是汉语词汇由单音节词向双音节词转化的过程中形成的。汉语词汇双音节化时，有部分单音节词采用与同义单音节词结合的方式构成双音节词，如“离”发展出“离别”，“阻”发展出“阻拦”，但是两个同义的语素在词中次序并不稳定，如“离别”还可以说成“别离”，“阻拦”还可以说成“拦阻”。这些词长期并存就形成了我们目前看到的同义的同素词。

三、同素词的类型

从同素词的语素的次序来看，同素词可以分为两大类：同序同素词和逆序同素词。

（一）同序同素词

同序同素词指语素次序相同的同素词。例如：

下场$_1$（xiàchǎng，演员或运动员退场）——下场$_2$（xiàchǎng，人的结局）

成年$_1$（chéngnián，人发育到已经成熟的年龄）——成年$_2$（chéngnián，整年，如“成年在外边奔忙”）

讲话$_1$（jiǎnghuà，说话，发言）——讲话$_2$（jiǎnghuà，讲演的话）

生气$_1$（shēngqì，因不合心意而不愉快）——生气$_2$（shēngqì，生命力、活力）

合计$_1$（héjì，合在一起计算，总共）——合计$_2$（héji，商量，如“大家合计合计，看该怎么办”）

精神$_1$（jīngshén，人的思想意识、心理状态）——精神$_2$（jīngshen，活跃、有生气）

这类同序同素词，有的读音完全相同，如“下场$_1$”和“下场$_2$”、“成年$_1$”和“成年$_2$”、“讲话$_1$”和“讲话$_2$”、“生气$_1$”和“生气$_2$”，有的读音不完全相同，如“合计$_1$”和“合计$_2$”、“精神$_1$”和“精神$_2$”。它们在读音上的区别主要在后一个语素是否是轻声。

（二）逆序同素词

逆序同素词指语素次序相反的同素词，如“式样”和“样式”、“故事”和“事故”。逆序同素词有的词义相近，容易发生混淆，影响用词的准确性；有的词义虽然不同，但由于构成词的两个语素完全相同，也容易分辨不清，特别对初学汉语的人来说，更容易发生用词不当的错误。因此这类同素词是我们介绍的重点。下面我们主要从词义、词性、语法结构等方面对逆序同素词进行辨析。

根据词义的异同，可以将逆序同素词分为三类：

1. 等义的逆序同素词

等义的逆序同素词是意义完全相同的逆序同素词，如“样式”和“式样”都表示“人造的物体的形状”，这两个同素词的意义相同，用法也一样，既可以说“这件衣服的式样很好”，也可以说“这件衣服的样式很好”。再如：

代替——替代　　阻拦——拦阻　　察觉——觉察

离别——别离　　吞并——并吞　　互相——相互

这类等义的同素词一般是由意思相近的语素组成的，语法结构一般都是并列结构，语素的读音也相同。

2. 近义的逆序同素词

近义的逆序同素词是意义相近的逆序同素词。这些同素词的词义有相同的地方，也有不同的地方。例如：

洗刷——刷洗　都是动词，都可以表示用刷子等蘸水洗，或把脏东西放在水里清洗。如“她一边刷洗（洗刷）盘子，一边流泪”，“这把椅子多年没用了，要刷洗（洗刷）一下才能用”。一般来说，表示这个意思时，“刷洗”更常用，尤其是用于口语时，常说“刷洗碗筷”，较少说“洗刷碗筷”。两个词最主要的区别是：“洗刷”还可以表示除去耻辱、罪名、污点等，如“无论如何也要把偷东西这个罪名洗刷掉，要不然怎么做人呢”，“不论我的理由多么充足，别人也不会原谅我，叫我一辈子也洗刷不清自己”。“刷洗”没有这个意义，不能用于这些句子。

安心——心安　都可以作形容词，都可以表示心情安定，但“心安”常常在表示“心情安定”的基础上，还有“坦然”的意思。如“看到孩子没有受伤，她就安心了”，“靠近他就觉得安心，好像有保障似的”，“这样一想，他就心安地倒在床上睡觉了”，“只有把多找的钱退回去，才能感到心安”。两个词最主要的区别是：“安心”除了可以做形容词外，还可以做动词，表示“使心情安定”的意思，如“既然到了教室，就应该安心学习，不要再想别的事情”，“爸爸来信嘱咐我安心工作，不要担心他的病”，“心安”没有这个用法。

计算——算计　都是动词，都有计算数目的意思，如“他的钱多得无法计算”，“他最近忙着计算那几个公式，没有时间管别的事”，“他一边说话，一边算计时间”，但表示这个意思时，“计算”更常用。此外，两个词都可以表示暗中谋划损害别人的意思，如“前几天他到处对别人说我们暗中算计他”，“这回他又被别人算计了”，“当心被小人计算”，但是表示这个意思时，“算计”更常用。

生产——产生　都是动词，都是创造、生出新事物的意思。但是，“生产”表示人们使用工具来创造各种东西，被生产的一般都是具体的物品，如服装、药品、家具、电器、粮食等。“产生”表示由于一定的条件、原因，使得已有的事物生出新的事物，被产生的一般是抽象的事物，如困难、力量、希望、影响、怀疑等。

3. 异义的逆序同素词

异义的逆序同素词是意义不同的逆序同素词。例如：

事故——故事 “事故”指意外的损失或灾祸，如“昨天这条路上发生了一起交通事故”。“故事”指真实的或虚构的用作讲述对象的事情，如“小时候，外婆经常给我讲故事”。

黄昏——昏黄 “黄昏”是名词，指日落以后星星出来以前的一段时间，如“已是黄昏时分，学生早散了，教室里空荡荡的”，“黄昏近了，南屋昏暗而寂静”。“昏黄”是形容词，表示暗淡模糊的黄色，一般用来形容天色、月色、灯光等，如“此时天色已渐渐昏黄”，“村边那几栋矮屋子，从小小的窗子里渗出昏黄而惨淡的灯光”。

来历——历来 “来历”是名词，表示人或事物的历史或背景，如“这个人的来历不明”，“这名字的来历很有意思”，“他死前曾接到过一个来历不明的电话”。“历来”是副词，表示从来、从过去到现在一向如何，如“他历来爱迟到”，“泰山日出历来被描绘成十分壮观的奇景”。

千万——万千 “千万”是数词和副词。“千万”是数词时，表示具体的数目，如“这个城市有一千万人口”，或表示数量多，如“小王这句话，在梦里说了千万遍，但却不敢对她说”。“千万”是副词时，表示务必、一定的意思，如“明天千万别迟到”、“这件事千万不要告诉别人”。“万千”只能作形容词，形容数量多、事物表现的方面多，如“有时无言的暗示比万千言词还更有力”，“万千思绪，她一句说不出，也不愿说出”。

四、同素词的运用

词义相近的同素词，运用到文章中，主要是为了避免用词呆板。同一个意思在文章中出现多次，可以用近义的同素词来表达。如鲁迅《南腔北调集》中有一段话：

> 富翁胖到发哮喘病了，才去打高而富球（注：“高而富球”即现在的“高尔夫球”），从此主张运动的紧要。我们平时，是决不记得自己有一个头，或一个肚子，应该加以优待的，然而一旦头疼肚泻，这才记起了他们，并且大有休息要紧，饮食小心的议论。

这段话用了“紧要”和“要紧”两个同素词，就是为了避免用词重复。

词义不同的同素词，通过巧妙的对举形成反差，可以加强句子的表现力，如：

a. 过分的谦虚，不是虚心，就是心虚。

b. 不怕一万，就怕万一。

c. 在困难面前，需要的不是量力，而是力量。

“虚心”是谦虚、不骄傲的意思，而“心虚”却是做错了事怕人知道、或缺乏自信心的意思。“万一”是万分之一，表示极小的可能性，而“一万”本来是个数词，这里表示除去万分之一的意外情况以外的多数一般情况。“量力”是衡量自己的力量的意思，而“力量”本是名词，不能和动词“量力”形成对比，但“力量”在这个句子中有尽自己一切力气去做的意思。

练　　习

一、请用下列各组语素以不同的排列顺序构成两个不同的合成词，分析这些词的语法结构，并用它们造句：

例如：心、虚　①虚心（述宾式）：刚开始工作，要虚心向别人学习。

②心虚（主谓式）：做贼心虚。

1. 心、寒

2. 细、心

3. 黄、金

4. 雪、白

5. 白、银

6. 友、好

7. 为、人

二、判断各组中两个同素词的词性，并用它们分别造句：

1. 青年——年青

2. 合适——适合

3. 报警——警报

4. 犯罪——罪犯

5. 愿意——意愿

6. 实现——现实

7. 来历——历来

三、填空：

1. 同素词是____________________，例如（请写出两组词）：____________、____________。

2. 词和词彼此语素相同，词义上也就容易存在________关系。例如（请写出两组词）：____________、____________。但是，同素词并不都是同义词，同义词也并不都是同素的。讲同素词是从________________的联系方面介绍词与词之间的关系，讲同义词是从____________的联系介绍词与词之间的关系。同素词和同义词只是在具体词语上有交叉而已。

3. 多数同素词是由于我们创造新词时，用了相同的________而采用了不同的____________形成的。

4. 同序同素词指________________的同素词。这类同素词有的读音完全相同，例如（请写出两组词）：____________、____________，有的读音不完全相同，例如（请写出两组词）：____________、____________。这些读音不同的同序同素词在读音上的区别主要在________________________。

四、判断下列句子的对错，错误的请修改：

1. 他的书多得简直无法算计。

2. 这种药在美国和瑞士都在产生。

3. 走了一天，他们还没有达到目的地。

4. 只要你能为着未来幸福的日子坚持斗争下去，你一定会达到目的，达到你的理想的。

5. 这里交通方便，水源充足，合适大规模建设，大有发展前途。

6. 我这次在上海给你买了一顶帽子，你看看戴着适合不？

7. 跟他交往了很长时间，生产了很深的感情。

五、思考并回答下列问题：

1. 什么是同素词？请举例说明。

2. 同素词是怎样形成的？请举例说明。

3. 根据语素次序的不同，同素词有那些类型？请举例说明。

4. 同素词语素相同，意思是否也相同？请举例说明。

● 丁篇　熟语

第十二章　熟语

本章术语　**熟语、成语、体词性成语、谓词性成语、惯用语、歇后语、语面、语底、比喻歇后语、谐音歇后语、谚语**

本　章　要　点

1. 熟语具有很强的民族性。它作为固定语，结构都是固定的，意义也具有整体性。
2. 成语在运用时，实际相当于一个词。成语有“体词性”和“谓词性”两种“词性”。（见第一节）
3. 惯用语的实际意义通常是字面意义的比喻用法，感情色彩多为贬义。惯用语在运用时，实际也相当于一个词。（见第二节）
4. 歇后语的语面和语底是一种解释说明的关系。整个歇后语的意义主要由语底来表达。（见第三节）
5. 谚语是多年在民间流传，表达某种深刻含义的语句。它的语法结构特点接近于句子。（见第四节）
6. 成语多用于书面语，惯用语、歇后语、谚语多用于口语。

一、熟语的特点

在第一章中我们谈到，词汇不仅包括词，还包括一些由词构成的特殊的固定语，如“胸有成竹”、“开后门”、“饭后百步走，活到九十九”、“墙上挂门帘——没门儿”等。这些固定语虽然都是由两个或两个以上的词组成的，但由于词之间结合得十分紧密，因而也像词那样不能拆开来用，用法上跟词非常接近。我们把词汇中的这些固定语统称为熟语。

熟语包括成语、惯用语、歇后语和谚语等几种类型，它们作为词汇的特殊组成部分，在结构和意义上具有一些共同的特征。

熟语作为固定结构，它的结构都是固定的，不能随便改变。例如汉语成语

"望穿秋水"不能说成"看穿秋水"、"瞧穿秋水","守株待兔"不能说成"守株待狗",谚语"人心齐,泰山移"不能说成"人心齐,黄山移"。这些熟语中词的搭配是固定的,是经过约定俗成的方式共同确定下来的,所以也是社会全体成员在使用的过程中必须共同遵守的。同样,在其他语言中也有类似的固定结构,如英语"to pull one's legs"(开玩笑)、"rain cats and dogs"(倾盆大雨)等也不能随便改变它们的结构和成分。

熟语另一个重要特点是它的意义具有整体性,也就是说,熟语的意义往往不是组成熟语的词的字面意义的相加,而是以其整体来表示意义。例如:

"戴高帽子"的字面意义是"给别人戴上高帽子",而这个熟语包含的实际意思是"比喻对人说恭维话"。

"孤掌难鸣"的字面意义是"一个巴掌很难拍响",实际意义是"比喻力量单薄,难以成事"。

"捡了芝麻,丢了西瓜"的字面意义是"捡了芝麻,把手中的西瓜给丢了",实际意义是"比喻注意了小的方面,忽略了大的方面"。

由于在熟语中,词和语素的意义已经全部或部分失去了独立性,整个熟语的意义往往不是词和语素的意义的简单相加,所以我们要了解、掌握一个熟语的意义,必须从整体上去探求,不能像理解一般词组那样一个词一个词拆开来讲解,不能犯望文生义的毛病,闹出笑话来。曾有人把"胸有成竹"翻译为"肚子里有根棍儿",很让人费解。其实"胸有成竹"是用画竹来比喻一般的事理,实际意义是表示"做事之前,心里已经有了成熟的想法或妥善的打算"。

二、熟语的民族性

熟语是语言中一类特殊的词汇现象,不同语言可能有表达相同意思的熟语,但各自的说法却可能完全不同,例如:

汉语	英语
倾盆大雨	rain cats and dogs(下猫狗雨)
无风不起浪	nothing is stolen without hands(没有贼不会失盗)
坐立不安	ants in one's pants(蚂蚁在某人的裤子里)
画饼充饥	eat the air(吃空气)

不同语言的熟语,由于产生的社会背景不同,使得它们具有很强的民族性。汉语熟语的民族性主要表现在以下几方面:

(一)在结构形式上,汉语经常利用对偶的形式构成熟语

例如:

人山人海

天翻地覆

拆东墙，补西墙。

灯不拨不亮，话不说不明。

当局者迷，旁观者清。

一个篱笆三个桩，一个好汉三个帮。

为什么汉语熟语多以对偶的形式出现呢？这与中国人喜欢对称的审美观有关。中国人在长期的生活中形成了对对称形式的特殊爱好，从宫殿的建筑、室内家具的陈设到贴对联，都喜欢成双配对。因此在人们构造的熟语中，也就有了这个特点。

(二) 在语言材料上，多采用与汉族人民生活密切相关的内容

汉语中有大量以汉族人民历史上的事件、人物做材料构成的熟语，如：

四面楚歌

身在曹营心在汉。

三个臭皮匠，赛过诸葛亮。

说曹操，曹操到。

汉语熟语有很多是取材于民间故事和文学名著，如：

塞翁失马

姜太公钓鱼——愿者上钩

狗咬吕洞宾——不识好人心

火眼金睛

猪八戒照镜子——里外不是人

周瑜打黄盖——一个愿打，一个愿挨

赔了夫人又折兵。

梁山的军师——吴(无)用

佛教在中国历史上曾经产生过很深的影响，因此用反映佛教内容的语言材料构成的熟语也比较多，例如：

借花献佛

泥菩萨过河——自身难保

佛要金装，人要衣装。

跑了和尚跑不了庙。

平时不烧香，急来抱佛脚。

无事不登三宝殿。

（三）在表达方式上，汉语熟语特别是歇后语的语义表达中有大量的谐音双关现象

例如：

隔着窗户吹喇叭——鸣声在外。“鸣”谐音“名”。

飞机上挂暖壶——高水瓶。“瓶”谐音“平”。

东边日出西边雨——道是无晴却有晴。“晴”谐音“情”。

不仅谐音双关的表达方式是独特的，而且歇后语这种结构类型也是其他民族语言的熟语所少有的。

第一节　成语

一、成语的特点

成语是人们长期沿用的、形式简洁的固定语。汉语成语的数量相当可观，上海辞书出版社出版的《中国成语大辞典》共收 18000 条成语，其中比较常用的就有 3000 条左右。成语是汉语熟语最重要的组成部分，使用频率很高。人们在说话和写文章的时候常常要用到成语，有时候同样一个意思用成语表达就会更加简洁精辟，语言更优美，比如“这次 HSK 考试他心中很有把握”这句话，也可以说“这次 HSK 考试他胸有成竹”，第二个句子用“胸有成竹”这个成语来表示“心中有把握”这个意思，就显得更简洁、有力。因此，只有学好了成语，才能掌握汉语词汇的精髓，才能算真正学好了汉语。

汉语成语一般具有以下几个特点：

（一）音节方面具有整齐性

汉语成语绝大多数为四个音节。不是四个音节的成语虽然有但不多，如“桃李满天下”、“迅雷不及掩耳”等。四个音节的成语中的词或语素常常两两相对，以对偶的形式出现。有的是由同义的词或语素构成的，如：

自言自语　　改头换面　　百依百顺　　甜言蜜语

有的是由反义或对立的词或语素组成的，如：

半信半疑　　苦尽甘来　　大材小用　　舍己为人

古为今用　　朝三暮四　　名存实亡　　有气无力

还有的是由同义和反义两组语素组成的，如：

生离死别　　大惊小怪　　横冲直撞　　同甘共苦

（二）意义方面具有整体性

前面我们介绍过，熟语的意义往往都具有整体性，成语也不例外。绝大多数的成语的意义不像普通词组那样只是各个词的意义的简单组合，成语往往通过整体来表达意义，一个成语相当于一个独立的词。成语的这个特点会给我们掌握成语的意义带来一些困难。例如“井底之蛙”这样的成语，每个字的意思都很好懂，可是这个成语的意思并不是“水井底下的青蛙”的意思，而是比喻见识短浅的人。又如“天衣无缝”并非“天上的衣服没有缝”，而是说“事物没有一点破绽和痕迹”。如何掌握成语的意义，我们在下面的章节中将具体介绍。

（三）用词和语法结构方面保留了古汉语的痕迹

很多成语保留了古代汉语的词语和词义，成语中的这些词都不能按现代汉语中的意思去理解，如：

“不速之客”中的“速”不是“迅速”的意思，而是“邀请”的意思。

“奔走相告”中的“走”不是“行走”的意思，而是“跑”的意思。

“短兵相接”中的“兵”不是“士兵”的意思，而是“兵器”的意思。

许多成语还保留了古代汉语的语法特点，如：

“敬而远之”中的“远”和“平易近人”中的“近”保留了古代汉语形容词作动词用的用法。“惟利是图”（只贪图财利，别的什么都不顾）、“时不我待”（时间不等人，指要抓紧时间）、“何去何从”（指在重大问题上采取什么态度，决定做不做或怎么做）保留了古代汉语的句法规律，即在某些句子中宾语要放在动词前面。如果用现代汉语表达，“惟利是图”是“惟图利”，“时不我待”是“时不待我”，“何去何从”是“去何从何”。

现代汉语中的这些成语，从某种意义上来说是古代汉语的储存库，它保留了古代语言的很多东西。这个特点使得成语带有浓厚的古代语言的特色，形成了文雅、庄重、严肃的书面语风格。但同时，这些古汉语的词义和语法结构，也给我们正确理解和掌握成语带来了困难。

二、成语的来源

现代汉语的成语数量可观，常用的就有三千多条。这些成语的来源主要有两个途径：一是来自当代的创新，二是来自古代成语的继承。当代创新的成语数量不多，但生命力强，使用频率很高，如：

和平共处　　自力更生　　古为今用　　求同存异　　豪言壮语

由古汉语继承来的成语，数量最多，这些成语主要有两个来源：

（一）来源于古代寓言故事、神话传说和历史故事

例如：

狐假虎威　来自《战国策》的一个寓言故事："有一只老虎要吃一只狐狸，狐狸狡猾地说：'你不能吃我，上帝命令我做兽类的长官，你吃我就违抗了上帝的命令。不信的话，你跟在我后面走，会看到野兽见了我都得逃跑的。'于是，老虎就跟着狐狸走，果然许多野兽见了它们就跑。老虎还以为那些野兽真是怕狐狸，它不知道其实它们是怕自己。"现在这个成语比喻依仗别人的势力去欺压人。

望梅止渴　见于《世说新语》，讲的是三国时期的一个故事："三国时魏武王曹操带领军队行军，途中错过了水源，士兵口渴，但又找不到水源，影响到士气，曹操在马上想出了一个办法，用鞭子朝前一指说：'前面有座大梅林，树上梅子很多，梅子又甜又酸，可以解渴。'士兵们听了，想起酸梅的滋味，都流出了口水，不再喊渴。曹操借这个办法解除了一时的困难。"后来把这个故事概括为"望梅止渴"，比喻用空想安慰自己。

滥竽充数　见于《韩非子》，讲的是战国时期的一个故事："有个姓南郭的人，本来不会吹竽，听说齐国的国王齐宣王爱听竽，也要求为宣王吹竽，宣王很高兴。虽然南郭不会吹竽，但他混在三百人的乐队中，谁也听不出来。宣王死后，他的儿子继位。他儿子也喜欢听竽，但他要乐队的人一个一个地轮流为他吹。这样，南郭先生就混不下去了，只得偷偷地溜掉了。"后来用"滥竽充数"来比喻没有真正的才干，而混在行家里面充数，或拿不好的东西混在好的里面充数。

其他像"愚公移山"、"杞人忧天"、"掩耳盗铃"、"毛遂自荐"、"四面楚歌"、"叶公好龙"、"塞翁失马"等都是来自古代寓言或故事。

（二）来源于古代文人的作品和民间流传的句子

我国古代文人的作品非常丰富，人们常常将这些作品中的句子摘引下来，构成成语。如：

悲欢离合　源自宋代著名词人苏轼写的词《水调歌头》："明月几时有？把酒问青天。不知天上宫阙，今夕是何年。我欲乘风归去，又恐琼楼玉宇，高处不胜寒。起舞弄清影，何似在人间！转朱阁，低绮户，照无眠。不应有恨，何事长向别时圆？人有悲欢离合，月有阴晴圆缺，此事古难全。但愿人长久，千里共婵娟。"后来用"悲欢离合"泛指欢乐、悲伤、聚会、别离等人生道路上的种种遭遇。

萍水相逢　源自唐代著名诗人王勃写的《秋日登洪府滕王阁饯别序》："关山难越，谁悲失路之人？萍水相逢，尽是他乡之客。""萍"即"浮萍"，是一种生长在水面的蕨类植物，随水漂泊，聚散无定。"萍水相逢"比喻不相识的人在人生

旅途中偶然相逢。

温故知新　源自《论语》:“子曰:‘温故而知新,可以为师矣。’”“温”指整理,“故”指过去学过的知识或历史遗产。“温故知新”指温习旧的知识,能够得到新的理解和体会,也指回忆过去,认识现在。

名正言顺　源自《论语》:“子曰:‘名不正,则言不顺;言不顺,则事不成;事不成,则礼乐不兴;礼乐不兴,则刑罚不中;刑罚不中,则民无所措手足。故君子名之必可言也;言之必可行也。君子于其言,无所苟而已矣。’”这是孔子谈应该如何治理国家的一段话,意思是:名不正,说话、宣传、约束就不顺当合理;说话、宣传、约束不顺当合理,事情就办不成;事情办不成,礼乐制度就不能兴盛;礼乐制度不兴盛,刑罚就不会适当;刑罚不适当,民众也就无所适从。所以君子做事,对凡是定了的就一定去宣传,而要去宣传的,就一定是能够做得到的。宣传执行定了的事要认真,不能苟且从事。“名”在这里指事物的名称。现在“名正言顺”泛指名义正当,道理也讲得通,有理直则气壮的意思。

一叶知秋　源自《淮南子》:“以小明大,见一叶落,而知岁之将暮;睹瓶中之冰,而知天下之寒。”意思是:从一片树叶落下来,便可以知道一年时光就要过去了,看见瓶子里的冰,就可以知道整个地区都变冷了。现在用“一叶知秋”比喻发现一点预兆就料到事物发展的趋向。

再如:

“青出于蓝”源自《荀子》中的“青,取之于蓝,而青于蓝”。

“车水马龙”源自《后汉书》中的“车如流水,马如游龙”。

“一日三秋”源自《诗经》中的“一日不见,如三秋兮”。

了解成语的来源对我们掌握成语的意义很有帮助。一个成语的字面意义,很多情况下不是成语的实际意义。但成语的字面意义和成语的实际意义又有着密切联系,如何根据成语的字面意义去掌握它的实际意义呢?这里的关键是了解成语的来源。掌握了成语的来源,就能比较容易地掌握成语的真正含义。例如“胸有成竹”这个成语,它的字面意义很简单,但为什么“胸”当中“有成竹”就表示心中有把握的意思呢?原来,“胸有成竹”原意是说宋代有个叫文同的画家,下笔画竹子之前,心中就已经有了竹子的轮廓。了解了这个故事,才能明白为什么用“胸有成竹”来比喻人们在处理问题之前已经考虑周到,拿好了主意。

像这些来源于古代的成语,只有了解了它的来源,才能很好地、准确地掌握它的意义。否则死记硬背是不能很好理解这些成语的。

三、成语的意义

成语的意义,有的就是语素义的简单加合,如“积少成多”就是“把少的东西积攒起来可以变成多的”、“力不从心”就是“心里想做力量跟不上”。但绝大多数成语的意义并非词和语素义的简单相加，而是经过高度概括的整体意义。成语的整体意义与构成成语的词和语素之间的关系主要有以下几种。

（一）成语的整体义是词义和语素义的比喻用法

例如：

井底之蛙　井底的青蛙只能看见小小的一块天，用来比喻见识短浅的人。

捕风捉影　捕捉风和影子，比喻做事说话毫无事实根据。

昙花一现　昙花开的时间很短，比喻某些事物出现一下立即消失。

缘木求鱼　爬到树上去找鱼，比喻做事情方向方法不对，难以达到目的。

过河拆桥　过了河就把桥拆掉，比喻利用他人达到目的后，便把帮助过自己的人一脚踢开。

（二）成语的整体义是词义和语素义的借代用法

例如：

明眸皓齿　明亮的眼睛，洁白的牙齿，形容女子的美貌。用“眸”（眼睛）、“齿”来借代人。

窗明几净　形容房间干净明亮。以“窗”、“几”（小桌子）代表整个屋子。

粗茶淡饭　简单的、不讲究的茶饭，指普通的饮食。以“茶”、“饭”代表饮食。

姹紫嫣红　形容各色娇艳的花朵。以漂亮的紫色和鲜艳的红色来借代好看的花朵。

（三）成语的整体义是约定俗成的

这些成语必须弄清它们的来源和原来的用法才能了解它们的意义。前面我们介绍的来源于古代汉语的成语，大都属于这种情况，是约定俗成的。下面再介绍几个例子：

画龙点睛　传说梁代张僧繇（yóu）在金陵安乐寺壁上画了四条龙，不点眼睛，说点了眼睛就会飞掉。听到的人都不相信，偏叫他点上。刚点上两条，就雷电大发，震破墙壁，两条龙乘云上天，只剩下了没有点眼睛的两条。后来用来比喻作文或说话时在关键地方加上精辟的语句，使内容更加生动传神。

自相矛盾　来自《韩非子》中的寓言故事。有个卖矛和盾的人，夸他的盾非常结实，什么东西都刺不破，又夸他的矛非常锐利，什么东西都能刺穿。旁边的人问他，拿你的矛刺你的盾怎么样？他答不出来。后用来比喻语言行动前后自相抵触。

来自古代寓言故事、历史故事和民间故事的成语的整体意义都是约定俗成的，要了解这些成语的意义必须弄清楚它们的来源。

四、成语的结构

成语内部的语法结构比较复杂，可以分为两大类，一类是单一结构，即成语内部凝固成一团，不能分析它的语法结构，如“乱七八糟”、“一塌糊涂”、“一清二楚”、“低三下四”等；另一类是复合结构，它一般是由前后两部分组成的结构。大部分成语都可以分为前后两部分，因此复合结构是成语的主要语法结构。复合结构根据前后两部分的不同关系，又可大致分为以下几种类型：

（一）并列结构

眉清目秀　人山人海　天涯海角　甜言蜜语
狼吞虎咽　翻天覆地　轻描淡写　和风细雨

（二）偏正结构

无稽之谈　患难之交　掌上明珠　人之常情（以上是定中结构）
侃侃而谈　不欢而散　尽力而为　半途而废（以上是状中结构）

（三）主谓结构

风度翩翩　前程万里　记忆犹新　衣冠楚楚
野心勃勃　祸从天降　名不副实　神采奕奕

（四）述宾结构

顾全大局　震撼人心　颠倒是非　暗送秋波
饱经风霜　重温旧梦　大失所望　平分秋色

（五）述补结构

高不可攀　爱不释手　守口如瓶　暴跳如雷

（六）兼语结构

化险为夷　认贼作父　有目共睹　震耳欲聋
望子成龙　有口难言　令人神往　引狼入室

成语的语法结构比较复杂，以上讲的是常见的、一般的类型，还有其他类型，这里就不再举例了。

分析成语的语法结构，有助于我们了解成语的意义。例如“背井离乡”这个成语，有人把其中的“井”解释为“水井”，这就错了。如果了解到这个成语属于并列结构，注意到“背”和“离”是同义语素，都表示“离开”的意思，“井”和“乡”是同义词，都指人口聚居的乡里，就不会产生这种误解了。再如“赤胆忠心”这个成语，如果知道了这是一个并列结构的成语，“赤”和“忠”是同义语素，就不会把“赤”理解为“赤橙黄绿青蓝紫”中的“赤(红色)”了。

五、成语的运用

(一) 成语的语法作用

成语是一种固定语，运用在句子中，它实际相当于一个词，可以作句子的主语、谓语、状语、定语、补语等。如：

① 海外的中国人尚且有叶落归根的宿愿，何况他这些年一直在国内呢？——作定语

② 月光正照在人头上，连他们的鼻子眼睛都看得一清二楚。——作补语

③ 十全十美是很难做到的。——作主语

④ 这女孩儿眉清目秀，非常漂亮。——作谓语

⑤ 他满面春风地走了进来。——作状语

一个词有一个词的词性。“国家”是名词，“美丽”是形容词，“丰富”是形容词兼动词，那么成语是不是也有“词性”呢？答案是：有。

根据成语的语法性质，我们将成语分为两大类：一类是体词性成语，一类是谓词性成语。体词性成语也可以叫名词性成语，它在句中的语法作用相当于名词；谓词性成语包括了动词性和形容词性的成语，它的语法作用相当于动词和形容词。为什么成语的“词性”只有两类(注：根据成语的语法性质给成语分的类，我们称之为成语的“词性”，之所以加上引号，是因为成语并不是词，而是固定语)，而一般的词却可以分为名词、动词、形容词、副词、代词等很多类呢？这是因为成语一般可以充当句中多种语法成分，语法功能比较宽泛，分类太细不便于说明成语的语法性质，而且会造成类与类之间的交叉，从而失去了分类的意义。了解成语的“词性”可以帮助我们正确使用成语。

1. 体词性成语

体词性成语也可以称为名词性成语，它的语法功能相当于一个名词或一个名词性词组，语义上一般表示一种事物和概念。如：

风流人物	白面书生	家常便饭	世外桃源
雨后春笋	掌上明珠	庞然大物	空中楼阁
无稽之谈	后顾之忧	肺腑之言	不速之客

——以上是定中结构的成语

粗茶淡饭	刀山火海	豪言壮语	良辰美景
天涯海角	奇谈怪论	丰功伟绩	音容笑貌

——以上是并列结构的成语

体词性成语的数量在成语总量中只占少数。属于这一类的成语主要包括定中结构的成语和部分并列结构的成语。这些体词性的成语在句子中经常充当主语、宾语,这也是一般名词所具有的功能。如:

a. 虽然外公离开我们很多年了,但他的音容笑貌,却常常出现在我的脑海里。——作主语

b. 说什么北京这个月要地震,这完全是无稽之谈。——作宾语

c. 现在我们就没有后顾之忧了。——作宾语

d. 他这番肺腑之言深深感动了大家。——作主语

值得注意的是,有些并列结构的成语,表面上看是表示一种事物和概念,像是名词性成语,如"愁眉苦脸"、"呆头呆脑"、"落花流水"等,但这些成语在句中的语法功能却与名词不同,可以作谓语、状语、补语等:

a. 有些人呆头呆脑,叫人看着可笑。——作谓语

b. 他愁眉苦脸地说:"我回去怎么向父母交代呀?"——作状语

这些成语从语义上看是体词性的,但从语法功能上看却是谓词性的,属于谓词性成语。常见的类似的成语还有:

三言两语	苦口婆心	冰天雪地	花言巧语
粗心大意	油腔滑调	生龙活虎	南腔北调

在使用这些成语时,要特别注意这些成语一般不作句子的主语和宾语。如不能说※"他的呆头呆脑"、※"他说一些花言巧语"。

2. 谓词性成语

谓词性成语包括动词性的、形容词性的,甚至副词性的成语在内。它的语法功能相当于动词或形容词,语义上表示动作行为、性质状态等。汉语中的动词和形容词在很多语法功能上是相同的,不容易分清楚。而名词和动词、形容词的界限却比较清楚,很容易划分。既然我们很难分清成语中哪些是动词性的、哪些是形容词性的,不如把它们合起来统称为谓词性的,同体词性(名词性)的成语区别开来,更恰当一些。

谓词性成语的数量较多,除定中结构和部分并列结构的成语以外,其他结构的成语都是谓词性成语。这些成语在句中经常充当谓语、补语、状语。如:

a. 他越来越高兴,没昼没夜,高谈阔论起来。——作谓语

b. 现在她弹钢琴已经弹得出神入化了。——作补语

c. 宝玉却只管拿着那笺,口内颠来倒去念"任是无情也动人"。——作状语

d. 人们川流不息地涌进会场。——作状语

谓词性成语也可以作定语，但作定语时必须加上助词“的”。如：

a. 同甘共苦的朋友总是很难得。——作定语

b. 我看不惯他这种自暴自弃的样子。——作定语

成语除了可以和词一样充当主语、谓语、宾语、状语、补语等以外，还可以独立成句，这时候成语本身的结构就相当于一个句子的结构了。如：

a. 日月如梭，一晃我们到北京已经三年了。

b. 总而言之，要学会恰当使用成语，必须真正理解每个成语的含义。

（二）容易读错的成语

我们在学习和运用成语的时候，首先碰到的问题就是成语的读音。在语言交际中，人们常把成语中的一些字读错，如把“唾手可得”的“唾”误读成“chuí”，把“鬼鬼祟祟”的“祟”误读成“chóng”，把“参差不齐”的“参差”误读成“chānchā”等等。之所以会出现这样的问题，原因在于有的成语产生的时代较早，保留了很多古汉语的成分，而那些记录古汉语的汉字，有许多今天已不再使用或很少使用，碰到这些字，自然会产生“秀才识字读半边”的错误。此外，汉字有一字多音的情况，一般人在不了解该读哪个音时，往往选自己最熟悉的读法去读这些多音字，因而造成误读。下面我们把一些容易读错的成语根据造成误读的原因分类列出，以便于大家学习。

1. 容易因读字的半边而造成误读的成语

例如：

一蹴而就　蹴，读 cù，不读 jiù。

汹涌澎湃　湃，读 pài，不读 bài。

唾手可得　唾，读 tuò，不读 chuí。

同仇敌忾　忾，读 kài，不读 qì。

婆娑起舞　娑，读 suō，不读 shā。

面面相觑　觑，读 qù，不读 xù。

混淆视听　淆，读 xiáo，不读 yáo。

户枢不蠹　枢，读 shū，不读 qū。

涸泽而渔　涸，读 hé，不读 gù。

海市蜃楼　蜃，读 shèn，不读 chén。

功亏一篑　篑，读 kuì，不读 guì。

刚愎自用　愎，读 bì，不读 fù。

孤注一掷　掷，读 zhì，不读 zhèng。

风驰电掣　掣，读 chè，不读 zhì。

耳濡目染　濡，读 rú，不读 xū。

瞠目结舌　瞠，读 chēng，不读 táng。
垂涎三尺　涎，读 xián，不读 yán。
不屑一顾　屑，读 xiè，不读 xiāo。
咄咄逼人　咄，读 duō，不读 chū。

2. 容易因选错多音字的读音而造成误读的成语

例如：

差强人意　差，读 chā，意思是“稍微；大致”。
参差不齐　参差，读 cēncī，意思是“长短、高低、大小不一致”。
一念之差　差，读 chā，意思是“错误”。
鬼使神差　差，读 chāi，意思是“派遣；驱使”。
勇冠三军　冠，读 guàn，意思是“居第一位”，动词。
冠盖如云　冠，读 guān，意思是“帽子”，名词。
好事多磨　好，读 hǎo，意思是“美好”，形容词。
洁身自好　好，读 hào，意思是“爱惜”，动词。
好逸恶劳　好，读 hào，意思是“爱好”，动词。
相提并论　相，读 xiāng，意思是“互相”。
相机行事　相，读 xiàng，意思是“观察；察看”。
大腹便便　便，读 pián，“便便”形容肥胖的样子。
转弯抹角　转，读 zhuǎn，意思是“改换方向”。
天旋地转　转，读 zhuàn，意思是“旋转”。
否极泰来　否，读 pǐ，意思是“坏”。
扬眉吐气　吐，读 tǔ，意思是“使东西从嘴里出来”。
上吐下泻　吐，读 tù，意思是“呕吐”。
三年五载　载，读 zǎi，意思是“年”。
载歌载舞　载，读 zài，意思是“又；且”。
怨声载道　载，读 zài，意思是“充满”。
方兴未艾　艾，读 ài，意思是“停止”。
自怨自艾　艾，读 yì，意思是“治理；惩治”。
不可胜数　数，读 shǔ，意思是“计算数 shù 目”。
不省人事　省，读 xǐng，意思是“明白”。
衣锦还乡　衣，读 yì，意思是“穿衣服”。
罪有应得　应，读 yīng，意思是“应该”。
应答如流、里应外合　应，读 yìng，意思是“回答”。
量力而行、量入为出　量，读 liàng，意思是“估计；衡量”。

（三）容易写错的成语

在书写成语的时候，人们常常因为不了解成语的确切含义而写别字，下面我们把一些容易写错的成语根据误写的原因分类列出。

1. 易因形似字的干扰而造成误写的成语

例如：

病入膏肓　肓，读 huāng，指"胸腹中的一个部位"，易误写成"盲"。

如火如荼　荼，读 tú，指"一种开白花的小草"，易误写成"茶"。

炙手可热　炙，读 zhì，意思是"烤"，易误写成"灸"。

相形见绌　绌，读 chù，意思"不够"，易误写成"拙"。

居心叵测　叵，读 pǒ，是"不可"的合音字，易误写成"巨"。

战战兢兢　兢兢，读 jīngjīng，指"小心的样子"，易误写成"竞"。

度日如年　度，易误写成表示"通过江河"意思的"渡"。

忧心忡忡　忡忡，指"忧愁的样子"，易误写成"冲"。

草菅人命　菅，读 jiān，指一种草，易误写成"管"。

2. 易因同音字或近音字的干扰而造成误写的成语

例如：

大声疾呼　疾，意思是"快"，易误写成"急"。

变本加厉　厉，意思是"严格"，易误写成"利"。

完璧归赵　璧，指一种玉，易误写成墙壁的"壁"。

按部就班　部，意思是"门类；次序"，易误写成"步"。

班门弄斧　班，指木匠鲁班，易误写成"搬"。

汗流浃背　浃，意思是"透；遍及"，读 jiā，易误写成"夹"。

任劳任怨　任，意思是"承担；承受"，易误写成"认"。

麻木不仁　仁，意思是"仁爱"，易误写成"人"。

层出不穷　层，意思是"重复；重叠"，易误写成"曾"。

老马识途　途，意思是"道路"，易误写成"图"。

川流不息　川，意思是"河流"，易误写成"穿"。

大名鼎鼎　鼎鼎，形容"盛大的样子"，易误写成"顶顶"。

大庭广众　庭，指"厅堂"，易误写成"厅"。

反唇相讥　讥，意思是"讥讽"，易误写成"击"。

诡计多端　诡，意思是"狡诈；奸猾"，易误写成"鬼"。

既往不咎　咎，读 jiù，意思是"责备"，易误写成"究"。

惊慌失措　措，意思是"安排；处置"，易误写成"错"。

披星戴月　戴，意思是"把东西放在头、面、颈、胸等处"，易误写成"带"。

喧宾夺主　喧，意思是“声音大”，易误写成“宣”。
原形毕露　毕，意思是“全；都”，易误写成“必”。
直截了当　截，意思是“切断”，易误写成“接”。
不假思索　假，意思是“依靠”，易误写成“加”。
异口同声　异，意思是“不同的”，易误写成“一”。

（四）成语的感情色彩

在运用成语的时候我们不仅要注意了解成语的含义，还要注意它的感情色彩，不能乱用，如：

※北京举行外国人唱中国歌大赛，很多学生都趋之若鹜。

“趋之若鹜”是像鸭子一样成群地争着跑去的意思，是贬义，应该改为“踊跃参加”。

多数成语都具有一定感情色彩，有的成语显示了人们对客观事物或人们行为的褒奖的感情，如：

胸有成竹	赤胆忠心	任劳任怨	舍生忘死
无微不至	一丝不苟	笑容可掬	生龙活虎

有的成语显示了人们对客观事物和人的行为的贬斥的感情，如：

名不副实	反复无常	弄巧成拙	贪生怕死
人云亦云	惟利是图	一窍不通	夸夸其谈

成语的感情色彩和一般词语的感情色彩一样，都是人们的心理因素作用于语义的结果，是词义的重要组成部分。具体到一个成语的褒贬义是怎样形成的，原因复杂：有的与它的来源有关；有的与构成成语的词和语素有关；有的则是在长期的使用过程中逐渐形成的。我们在使用成语时一定要注意它的感情色彩。

（五）同义成语的辨析

运用成语的时候还要注意同义成语的辨析。所谓同义成语，是指意思相近，而在用法、附属色彩等方面又有不同的成语。掌握和使用同义成语关键在于掌握它们之间的区别。

同义成语，意思虽然相近，但在以下几方面常常会有区别：

1. 感情色彩不同

侃侃而谈——夸夸其谈　两个成语都形容说话。但“侃侃而谈”形容从容不迫地谈话，多为褒义，如“在辩论会上，他引古论今，侃侃而谈，赢得了大家一片喝彩”。而“夸夸其谈”则形容说话不切实际，多为贬义，如“他整天东奔西走，到处指手画脚，夸夸其谈”，“这个人平时就爱出风头，喜欢夸夸其谈”。

无微不至——无所不至　两个成语都有“没有一处没有达到”的意思。但“无微不至”是形容关怀、照顾得非常细致、周到，多为褒义，如“她虽然不是老人的亲生女儿，但对老人还是照顾得无微不至”。而“无所不至”则是“没有达不到的地方、能做的都做了”的意思，常用于坏事，多为贬义，如“这些敌人残杀老百姓，焚毁村庄，掠夺财物，无所不至。”

其他常见的褒贬义不同的成语有：

相机行事——看风使舵

独树一帜——标新立异

各抒己见——各执一词

忠心耿耿——死心塌地

扬眉吐气——趾高气扬

面目一新——面目全非

2. 程度不同

例如：

不寒而栗——毛骨悚然　两个成语都可以用来形容非常害怕。但“不寒而栗”是“不寒冷而发抖，形容非常害怕”，如“每次想到那次车祸的遭遇，他都感到不寒而栗”。而“毛骨悚然”则是“连毛发和骨头都显出恐惧，形容非常恐惧的样子”，如“他从小一听人讲到死和鬼就毛骨悚然”，“毛骨悚然”表示的害怕的程度比“不寒而栗”要高。

其他像“阮囊羞涩——一贫如洗”都表示贫穷，但在程度上，后者比前者重。“人云亦云——随波逐流——同流合污”都表示跟着别人做不太好的事情，而在程度上，第二个比第一个重，第三个又比第二个重。再如“箭在弦上——一触即发——千钧一发”都表示情势的紧急，程度也是一个比一个重。

3. 用法不同

例如：

遍体鳞伤——体无完肤　两个成语都有“浑身受伤”的意思。但“遍体鳞伤”是“全身伤痕像鱼鳞一样密”的意思，形容身体被外力摧残得很厉害，伤势极重，如“敌人把他吊起来打了半天，打得遍体鳞伤，死去两次又被凉水喷醒”。而“体无完肤”是“全身皮肤没有一块完好”的意思，可以用来形容身体受伤，如“凶残的敌人把他打得体无完肤，但他始终不低头，不屈服”，还可以用来比喻论点受到严厉的批驳、抨击，有“全被批倒，批得一无是处”的意思，如“老板把他的销售计划批得体无完肤”。所以，“遍体鳞伤”只能指人的身体；“体无完肤”则既可以指肉体，还可以指观点、论点等。

天壤之别——截然不同　两个成语都有“差别极大，完全不同”的意思。但“天壤之别”是体词性成语，一般做“有”的宾语，如“他今天的生活和过去相比有天壤之别”。而“截然不同”则是谓词性成语，多作句子的谓语和定语，如“他在重大问题上的看法常常与他的部下截然不同”，“两种不同的印象，给我以截然不同的感觉。”

练　　习

一、完成下列成语，并说明这些成语在构成成分方面有什么特点：

大惊____怪　　南腔____调　　同甘____苦　　口____心非

大材____用　　翻来覆____　　眼高手____　　有始____终

出生入____　　____尽甘来　　弄____成真　　积少成____

二、分析下列成语的语法结构：

千方百计　　百依百顺　　凶多吉少　　喜怒哀乐

塞翁失马　　守口如瓶　　目不转睛　　相貌堂堂

大名鼎鼎　　异想天开　　好为人师　　化险为夷

引狼入室　　祸不单行　　世外桃源　　侃侃而谈

三、汉语有很多结构相似的成语，如“一言不发”、“一窍不通”都包含了“一……不……”，“无缘无故”、“无时无刻”都包含了“无……无……”，请写出符合以下结构的成语：

一……不……：

无……无……：

千……万……：

一……二(两)……：

四、解释下列成语中画线的字的含义，说明这些成语在用词方面有什么特点：

奔走相告　　日薄西山　　短兵相接　　举世闻名

莫名其妙　　别具一格　　敬而远之　　屡见不鲜

实事求是　　一丝不苟　　亡羊补牢　　接踵而至

五、利用工具书说明下列成语的来源和意义：

愚公移山

塞翁失马

杞人忧天

叶公好龙

四面楚歌

青梅竹马

名落孙山

六、判断下列成语是体词性成语还是谓词性成语，然后造句：

例如：无稽之谈（体词性成语）——他说的这些都是无稽之谈。

1. 同甘共苦（　　　　）——

2. 风度翩翩（　　　　）——

3. 轻而易举（　　　　）——

4. 甜言蜜语（　　　　）——

5. 音容笑貌（　　　　）——

6. 大名鼎鼎（　　　　）——

七、给成语里画线的字注音：

例如：唾手可得（tuò）

参差不齐　　一念之差　　破绽百出　　如愿以偿

肆无忌惮　　深恶痛绝　　称心如意　　上吐下泻

改邪归正　　三年五载　　好逸恶劳　　不可胜数

八、改正下列成语里的错别字：

例如：情不自尽(禁)

原形必露	麻木不人	阴谋鬼计	欢心鼓舞
缩手无策	垂头伤气	回然不同	轰堂大笑
穿流不息	大名顶顶	别出心才	迫不急待
爱不择手	直接了当	来自不易	新新向荣

九、选择合适的成语填空：

(一)自言自语、胡言乱语、一言不发、滔滔不绝

1. 他一个人，盯着瑜儿坟头儿的花环，________地说："这是怎么回事呢？"
2. 该怎么做自己心里明白，我才不信他们的那些________呢！
3. 他说起话来总是________，不管人家愿不愿意听。
4. 每次上课你都________，老师怎么知道你懂不懂呢？

(二)十全十美、顾全大局、面面俱到、四面八方

1. 《红楼梦》的人物那么多，内容那么丰富，在一篇论文里，想________地进行论述，是写不深刻的。
2. 世界上哪有________的事情，只要利大于弊就是好事了。
3. 在那个复杂的大家庭里，只有大嫂是个________的人，从来不争不闹，能吃亏让人。
4. 大家从________来到一个班学习，今后我们就是朋友了。

(三)无能为力、不自量力、有气无力、大有作为

1. 他太________了，连自己的家庭都管理不好，还想竞选总统。
2. 她知道祥子肯帮她，但看到祥子实在________，也就不抱什么希望了。
3. 吴所长常对他的手下说："好好干，年轻人________嘛！"
4. 他知道自己的病已经到了晚期，________地哀求说："我活不了几天了，就让我再给孩子们挣碗饭吃吧。"

(四)粗心大意、大手大脚、指手画脚

1. 护士________发错了药，以致同病房的三个病人腹泻不止。
2. 张华一边擦地板，一边对站在一旁________的妻子说："嫌我擦得不好，你来擦嘛！"
3. 张华看到妻子花钱________，心中暗暗叫苦，嘴里却不敢言语。

（五）大惊小怪、大吃一惊、大失所望

1. 轻微的地震，在这里经常发生，不必________。
2. 他一心想买奖券发财，每次都________。
3. 他和朋友开玩笑说："我替你接了一个电话，你妈妈来北京了，叫你去机场接她。"朋友听了________，然后才想起今天是愚人节。

（六）得意扬扬、欢天喜地、眉开眼笑

1. 看他那________的样子，真让人讨厌。
2. 他们正在________地庆祝胜利。
3. 老章________地对我说："明天来喝杯喜酒吧，我儿子结婚。"

（七）无话可说、无可奉告、无可奈何、

1. 政府发言人说："对不起，凡未经研究决定的问题，在这里________。
2. 事先把一切都准备好，让来检查工作的人________。
3. 这些不合理的规定，真让人________。

十、下列句子中的成语用得是否恰当？不正确的请换成其他词语：

1. 这房间很大，很干净，我心甘情愿。
2. 他家很困难，不过我家也差不多，我不能爱莫能助。
3. 他在街头如饥似渴地找厕所。
4. 这节课他没有听老师讲课，只挤眉弄眼他对面的女孩。
5. 老师对我们很关心，总是甜言蜜语，问寒问暖。
6. 他一进来，我们全寝室的同学都不谋而合地站起来。
7. 爷爷动脉硬化，两只手会情不自禁地抖起来，已经多年不写东西了。
8. 你说学汉语很难，其实无论学什么，都会碰到一些困难，绝不会风平浪静的。
9. 以前这里是垃圾场，现在已建成了花园。以前到过这里的人，现在再来看看，一定会觉得面目全非了。
10. 他全心全意想当一个歌手。

11. 敌人到处抢劫、杀人、放火,无微不至。

12. 听到放假的消息,同学们个个嬉皮笑脸,人人拍手称快。

十一、思考并回答下列问题:

1. 什么是熟语?包括哪几种类型?它们有什么共同特点?

2. 成语有什么特点?请举例说明。

3. 成语主要有哪几种来源?请举例说明。

4. 成语有没有“词性”?请举例说明。

第二节 惯用语

一、惯用语的性质和特点

惯用语是一种表达习惯含义的固定词组,如“开后门”、“开夜车”。

“惯用语是一种固定词组”是指惯用语形式上都是由两个以上的词组成的词组,但这种词组的构成成分和结构是固定的,不能随意改变,在汉语中这些词组已经凝固得像一个词了。“惯用语表达习惯含义”是指惯用语的意义都不能从字面意义上去理解,而是富有特定的含义,如“开后门”不是“打开后门”,而是“比喻利用职权给予不应有的方便或利益”的意思;“开夜车”不是“开夜班车”,而是“晚上继续学习或工作”的意思。

惯用语同歇后语和谚语在语言形式上比较容易区别,惯用语在形式上相当于词,而歇后语和谚语在形式上相当于句子。惯用语和成语在语言形式上都接近于词,比较容易混淆。下面我们谈谈它们之间的区别。

惯用语与成语的区别表现在以下几方面:

第一,惯用语和成语虽然都是固定词组,结构上都有定型性的特点,但相对来说,成语的定型性更强,惯用语则有一定的灵活性和自由度。如惯用语“碰钉子”(表示遭到拒绝或受到斥责)在实际运用时可以说成“碰了个钉子”、“碰了不少钉子”、“钉子碰得多了”,而成语在实际运用时一般不能改变。

第二,从音节数目上看,成语以四个音节为主,惯用语以三个音节为主,如“开后门”、“吹牛皮”、“戴高帽”、“翘尾巴”等都是三音节的惯用语。

第三,从语体色彩看,成语属于书面语,惯用语属于口语。很多成语已经有了数百年甚至上千年的历史,保留到现在的成语中不少仍然带有古汉语的痕迹,它们一般具有文雅、庄重、严肃等书面语的特点,而惯用语一般用于口语,它所用的材料大都是人们口头上常用的词,如“开倒车”、“吹牛皮”、“背黑锅”等。

二、惯用语的结构

惯用语的语音形式以三音节为主，构成成分之间的语法关系主要是述宾关系，前面是一个动词，后面是动词支配的对象。如：

开夜车	开后门	开绿灯	穿小鞋
吹牛皮	泼冷水	唱高调	戴高帽
翘尾巴	扯后腿	开小差	背黑锅

也有一些惯用语的语法结构是偏正关系，如：

传声筒　　绊脚石　　耳边风

四个音节以上的惯用语较少，常见的如：

吃哑巴亏　　打退堂鼓　　钻牛角尖

三、惯用语的意义

惯用语的意义都不能从字面上去理解，“开后门”不是“打开后门”，“背黑锅”不是“背上黑色的锅”，惯用语的意义通常是字面意义的比喻用法。如：

背黑锅　　比喻代人受过、受冤枉。
抱粗腿　　比喻攀附有钱有势的人。
开夜车　　比喻晚上继续工作或学习。
炒冷饭　　比喻重复已经说过的话或做过的事，没有新的内容。
开绿灯　　比喻准许做某事。

再如“钻空子”、“穿小鞋”、“泼冷水”、“唱高调”、“戴高帽”、“挖墙脚”等的意义也是字面意义的比喻用法。通过比喻来表达实际意义是惯用语的特点，惯用语很少用抽象的字眼去说明道理、描绘事物，它多半是借助比喻创造一种形象化的说法，使语言显得生动而形象。

四、惯用语的运用

（一）惯用语的语法作用

惯用语在语义和语法功能方面都相当于一个词，在句中可以作主语、宾语、定语等。如：

a. 工作当中<u>碰钉子</u>的事常有。（定语）
b. <u>开后门</u>是不对的。（主语）
c. 他从来没有出过国，他说他去过法国那是<u>吹牛皮</u>。（宾语）

(二) 惯用语运用的灵活性

惯用语虽然结构是固定的，但在实际运用时，述宾结构的惯用语相当于离合词，有时中间可以插入别的词语，也可以颠倒语序，但它所表达的习惯意义不受影响。如：

a. 青年人没有不碰几个钉子的，但是，碰了钉子后，不要气馁。

b. 这样也好，不碰碰钉子，他不会学乖的。

c. 安娜一早跑到约翰那里，不冷不热碰了个钉子，实在有些沮丧。

d. 在老板面前，他不知碰了多少钉子，挨过多少次的批评。

以上句中的“碰钉子”虽然形式上有所变化，但意思都没有变化，都表示遭到拒绝或受到斥责的意思。再如：“吃老本”可以说成“吃惯了老本了”或“有多少老本可吃”，在这些句子中“吃老本”表达的意思一样，都是“比喻只凭过去的资历、功劳、本领过日子，不求进取和提高”的意思。

(三) 惯用语的感情色彩

运用惯用语时，要特别注意它们的感情色彩。由于惯用语多被人们用于表达否定的意思，所以绝大多数惯用语是贬义的，如“吹牛皮”、“唱高调”、“穿小鞋”、“拍马屁”、“翘尾巴”、“钻空子”等等。只有少数惯用语的感情色彩是中性的，如“开绿灯”、“开夜车”、“车轮战”等。值得注意的是，目前几乎还没看到表示褒义的惯用语，从这一点也可以看出，表示贬义是惯用语的主要作用。所以，惯用语多用于表示贬义的句子里，如：

a. 他到老板那里不冷不热碰了个钉子，实在有些沮丧。

b. “不要给我戴高帽子，我知道是什么意思！”他有些生气地说。

c. 他们俩年龄相当，又倾心相爱，有什么不好？你这人怎么老给人家泼冷水。

因此，在表达赞赏意思的句子里，一般不要用惯用语。

练　　习

一、惯用语“开后门”是不是“打开后门”的意思？“开夜车”是不是“开夜班车”的意思？为什么？惯用语的实际意义和字面意义之间有什么关系？

二、分析下列惯用语的语法结构：

开绿灯　　翘尾巴　　穿小鞋　　吃哑巴亏　　钻牛角尖

三、下面的句子使用了惯用语，请在惯用语下画“—”，并解释它们的意思：

1. 进了这家公司以后，他不知碰过多少钉子，挨过多少次批评。

2. 你可不能把父母的话当耳边风。

3. 人家干得好好的，你在旁边泼什么冷水。

4. 你给我戴高帽子也没有用，这件事我爱莫能助，没办法。

四、用下列惯用语造句：

1. 碰钉子

2. 开后门

3. 吹牛皮

4. 泼冷水

5. 开夜车

五、思考并回答下列问题：

1. 什么是惯用语？它的结构和意义有什么特点？请举例说明。
2. 惯用语和成语有什么区别？请举例说明。
3. 惯用语运用的灵活性表现在什么方面？请举例说明。

第三节　歇后语

一、歇后语的性质和特点

歇后语是由近似于谜面和谜底的两部分组成的固定短语，有时只说前半部分，后半部分省略，所以叫歇后语。

歇后语是熟语中非常特殊的一类。它的特殊性主要表现在以下几个方面：

（一）在结构形式方面

歇后语都是由两部分组成的，前半部分一般是形象的表述，后半部分解释说明前面形象表述的含义。如：

电线杆当筷子——大材小用

懒婆娘的裹脚——又臭又长

泥菩萨过河——自身难保

哑巴吃黄连——有苦说不出

“大材小用”、“又臭又长”、“自身难保”、“有苦说不出”分别是对各自前半部分的解释说明。

歇后语在结构形式上的这个特点，使歇后语能与成语、谚语等相区别。有一些成语、谚语虽然也是由两部分组成，例如“兼听则明，偏听则暗”、“笑口常开，青春常在”、“人心齐，泰山移”等，但后半部分都不是对前半部分的解释说明，它们的两部分之间分别是并列、假设的关系。

在实际运用时，歇后语有时可以只说前半部分，后半部分省略，如：

a.“他的难处，你们不知道，是哑巴吃黄连啊！”

b.“把钱借给他这样不讲信用的人，还不是肉包子打狗吗？”

句中的“哑巴吃黄连”省略了后半部分“有苦说不出”，“肉包子打狗”省略了后半部分“有去无回”。歇后语运用上的这个特点也是歇后语之所以叫“歇后语”的原因。在这一点上，歇后语与其他熟语有着明显区别，成语、谚语、惯用语在运用时都必须完整出现，不能省略任何成分。但是，值得注意的是，也不是所有的歇后语都可以省略后半部分。只有人们非常熟悉的歇后语使用时才可以省略，因为人们不熟悉的歇后语如果省略后半部分的话，它的意义就不明确，不好理解了。

（二）在语体色彩方面

歇后语的口语性很强，歇后语的口语性首先表现在用词方面。歇后语大都选用口语中经常使用的极为普通的常用词。例如：

筷子穿针眼——过不去

老九的弟弟——老十（实）

茶壶里煮饺子——倒（道）不出来

大伯子背兄弟媳妇——费力不讨好

这些歇后语中的“筷子”、“老九”、“老十”、“茶壶”、“大伯子”、“兄弟媳妇”等都是通俗的口语词和常用词。

此外，歇后语的口语性还表现它的使用场合上。歇后语一般用于日常生活的口语中，在庄重、正式的场合中很少用歇后语。书面文章中虽然也有歇后语出现，但多出现在文学作品中，特别是小说中，在小说中也主要出现在人物的对话中，在作者的描写和叙述中较少用到歇后语。至于在一般的政论文中更是很少见到歇后语。

歇后语的这个特点与谚语和惯用语有共同之处，但同成语却有区别。成语的书面性较强，成语中用了很多古代词语，保留了古代书面语的风格，使成语具有浓厚的书面语色彩。成语适用于各种书面文章，无论是小说、散文，还是政论文都可以使用成语。文化水平越高的人，成语的使用频率就越高。歇后语却相反，不仅用词上多用口语词、常用词，使用场合也多为口语环境。

二、歇后语的结构

歇后语的结构可以分为前后两部分，前半部分是语面部分，后半部分是语底部分。下面我们分别分析歇后语的语面和语底，以及语面和语底之间的关系。

（一）语面部分

歇后语的语面部分主要作用是借形象的表述唤起人们的联想。因此语面的选材就十分广泛，多种多样，有事，有物，有当代的，有历史的，有现实的，也有想像的。

从语面的内容上看，常见的有以下几类：

1. 语面是现实生活中的一些事情

这些歇后语是以人的现实生活中的经验做比喻。如：

竹篮打水——一场空
哑巴吃黄连——有苦说不出
芝麻开花——节节高
顺风划船——又快又好

2. 语面是想像虚构的事情

例如：

洗脸盆里游泳——不知深浅
高射炮打蚊子——大材小用
王八吃秤砣——铁了心了
泥菩萨过河——自身难保

以上这些歇后语发挥了丰富的想像力，虚构了一些现实生活中不可能发生的事情，在现实生活中，怎么会在洗脸盆里游泳？怎么会用高射炮打蚊子？王八也就是乌龟，怎么会吃秤砣？泥菩萨怎么会自己过河呢？这些夸张虚构的事情使得歇后语饶有风趣。

3. 语面是一种或几种事物

例如：

兔子尾巴——长不了

煮坏的饺子——露馅儿了

小葱拌豆腐——一青(清)二白

木头眼镜——看不透

铁公鸡——一毛不拔

这些歇后语抓住了事物突出的特点，使人很容易理解。兔子的尾巴是短的，当然长不长；饺子煮坏了，馅儿当然就露出来了；葱是青色的，豆腐是白的，所以小葱拌豆腐就是一青二白了；木头做的眼镜当然是不透明的；铁做的公鸡身上当然没有毛。

4. 语面是历史故事或神话传说

例如：

刘备见孔明——如鱼得水

周瑜打黄盖——一个愿打，一个愿挨

姜太公钓鱼——愿者上钩

这些歇后语都来源于历史故事。“刘备见孔明”说的是三国时候的故事，指刘备有了孔明(即诸葛亮)帮助后，就像鱼得了水一样。这是比喻得到跟自己很投合的人或对自己很合适的环境。“周瑜打黄盖”也是三国时的故事，说的是在赤壁之战中，为了火烧曹操的战船，黄盖主动向周瑜献了苦肉计，让周瑜打了他，然后向曹操投降，瞒过曹操。这是比喻双方自愿，别人不必管。“姜太公钓鱼”指的是姜太公曾在河边用没有鱼饵的直钩在距水面三尺的地方钓鱼，边钓边说：“负命者上钩来！”，这是比喻心甘情愿上圈套，受骗上当。

八仙过海——各显神通

孙悟空大闹天宫——慌了神

猪八戒吃人参果——全不知滋味

这些歇后语都取材于神话故事。“八仙过海”说的是传说中的八个神仙，他们过海时，每个人都有自己独特的本事，比喻充分发挥每个人的聪明才智，拿出办法或本领。后两个歇后语都取材于《西游记》。

(二) 语底部分

歇后语的语底部分是对语面部分的解释和说明，在运用时，语底部分可以说出来，也可以不说出来。一般大家都熟悉的歇后语可以省略语底部分，让别人通过语面的比喻联想歇后语的本意，但大家不熟悉的歇后语一般不能省略。

语底部分是整个歇后语的重点，在实际运用中，直接表达歇后语意义的是语底部分，如“我是哑巴吃黄连，有苦说不出啊”，句中“哑巴吃黄连，有苦说不出”这个歇后语直接表达意思的是语底部分“有苦说不出”。相对于语面部分来说，语底部分是更为重要的部分，整个歇后语的意义主要由语底部分来表达，语法性质也由语底部分决定。下面我们从语法的角度分析一下语底部分。

构成歇后语语底部分的语言单位主要有两类：一类是固定结构；一类是自由结构。

1. 由固定结构充当语底

所谓固定结构是指语言中已经定型的结构，能充当语底的固定结构主要包括词和一些成语。如：

巴掌心里长胡须——老手
胸口上挂钥匙——开心
筷子搭桥——难过

以上歇后语的语底“老手”、“开心”、“难过”都是词。

小和尚念经——有口无心
铁公鸡——一毛不拔
十五个吊桶打水——七上八下
砌墙的砖头——后来居上
和尚打伞——无发（法）无天

以上歇后语的语底“有口无心”、“七上八下”、“后来居上”、“无发（法）无天”等都是成语。

2. 由自由结构充当语底

所谓自由结构是指语言中临时组合起来的词组或句子。下面这些歇后语的语底都是由词组或句子组成的。

洗脸盆里游泳——不知深浅
懒婆娘的裹脚——又臭又长
奶妈抱孩子——别人的
飞机上挂暖壶——高水瓶（平）
老太太过年——一年不如一年

（三）语面和语底之间的关系

歇后语的语面和语底是一种解释说明的关系。语面一般是具体的事物或形象，在这些具体事物或形象中暗含着一定抽象的事理或性质状态。语底则是对语面暗含的抽象事理或性质状态的解释说明。如：

老牛拉车——慢慢磨　老牛有力气，但动作节奏缓慢，尤其是在拉车时总是一步一步稳稳当当地走，给人的主观印象是不卖力气有意磨蹭似的。“慢慢磨”是“老牛拉车”的特点；“老牛拉车”是“慢慢磨”的形象说法。

泥菩萨过河——自身难保　菩萨在佛教中是救苦救难的形象，专门保护善男信女，但是泥做的菩萨要过河，遇到水就会瘫软分解，自身都难以保住，哪里还能保护别人。“自身难保”是“泥菩萨过河”的结果；“泥菩萨过河”是“自身难保”的形象说法。

再如：

铁公鸡——一毛不拔（“一毛不拔”说明“铁公鸡”的特点）
兔子尾巴——长不了（“长不了”说明“兔子尾巴”的特点）
懒婆娘的裹脚——又臭又长（“又臭又长”说明“懒婆娘的裹脚”的特点）
肉包子打狗——有去无回（“有去无回”说明“肉包子打狗”的结果）
竹篮打水——一场空（“一场空”说明“竹篮打水”的结果）

三、歇后语的类型

（一）比喻歇后语

比喻歇后语的语面是一个比喻，语底是对语面的说明解释，语面和语底在意义上是一种比喻关系。比喻歇后语可以看成一种特殊的比喻。一般比喻的基本结构是先说出事物的本体，然后再说出事物的喻体，中间用比喻词语连接，如“她的长发像瀑布”，“她的长发”是本体，“瀑布”是喻体，是用“瀑布”比喻“她的长发”。比喻歇后语的结构恰恰与此相反，可以看成是倒装的比喻，是先说喻体，后说本体，如：

懒婆娘的裹脚——又臭又长　“懒婆娘的裹脚”是喻体，“又臭又长”是本体，变成一般的比喻结构，即“又臭又长”就像“懒婆娘的裹脚”一样。

哑巴吃黄连——有苦说不出　“哑巴吃黄连”是喻体，“有苦说不出”是本体，变成一般的比喻结构，即“有苦说不出”就像“哑巴吃黄连”一样。

根据比喻歇后语语底部分的字面意义与实际意义的关系，可以把比喻歇后语分为两类：

1. 直接联系的比喻歇后语

这类歇后语语底部分的字面意义就是整个歇后语的实际意义，语底直接表达实际意义，不需要联想或绕弯子。如：

大海捞针——无处寻

泥菩萨过河——自身难保

肉包子打狗——有去无回

这些歇后语的语底“无处寻”、“自身难保”、“有去无回”的字面意义就是整个歇后语的实际意义。

2. 间接联系的比喻歇后语

这类歇后语语底部分的字面意义不是整个歇后语的实际意义，语底的字面意义与实际意义之间的联系是间接的，语底通过字面意义的引申来表达实际意义。如：

“墙上挂门帘——没门儿”的“没门儿”，它的字面意义是“没有门”，但实际是“没有门路”的意思。

“狗撵鸭子——呱呱叫”的“呱呱叫”，表面上是形容鸭子的叫声，实际是夸奖一个人有能力或在某个方面非常突出。

“木头眼镜——看不透”的“看不透”，表面是说木头眼镜的特点，实际是表示“不能透彻理解认识”的意思。

（二）谐音歇后语

谐音即字词的声音相同或相近。谐音歇后语是语底利用谐音表达实际意义的歇后语，这类歇后语借助语底中的某个词与另一个词的同音（或音近）的现象表达实际意义。如：

“一、二、三、五、六——没四（事）”，表面上是说没有四，实际上是说“没事”。

谐音歇后语有两类：

1. 音同谐音歇后语

音同，指谐音的两个词声母、韵母、声调完全相同。如：

“下雨天出太阳——假晴（情）”，“晴”和“情”音同。

“小葱拌豆腐——一青（清）二白”，“青”和“清”音同。

“飞机上挂暖壶——高水瓶（平）”，“瓶”和“平”音同。

2. 音近谐音歇后语

音近，指谐音的两个词的声音相近，声母、韵母、声调有相同的部分，也有不同的地方。如：

“一、二、三、五、六——没四（事）”，“四”和“事”韵母、声调相同，声母不同。

“两手进染缸——左也蓝（难）右也蓝（难）”，“蓝”和“难”韵母、声调相同，声母不同。

"老和尚带发卡——挑(调)皮","挑"和"调"声母和韵母相同,声调不同。

"和尚打伞——无发(法)无天","发"和"法"声母和韵母相同,声调不同。

四、歇后语的运用

歇后语生动、活泼,幽默而富有风趣,因此在写作和口语当中我们常常使用。歇后语作为语言中固定的建筑材料,它有时相当于一个句子,有时又相当于一个词,充当句中的一个构成成分。下面介绍一下歇后语的一般用法。

(一) 单独成句

歇后语单独成句时,往往是作为一句"现成话"被引用的。如:

a. "你最近怎么样?""外甥提灯笼,照舅(旧)"。

b. 他家的难处,你们不知道:哑巴吃黄连,有苦说不出啊!

c. 你是怎么了? 秋蝉落地,哑了?

(二) 作宾语

在句中作宾语,是歇后语的常见用法。歇后语作宾语时,动词常常是"叫"、"叫做"、"是"等不表示实际动作的动词。如:

a. 这样的活儿,只要会写几个阿拉伯数字,谁都干得了。要我去干这一行,不是高射炮打蚊子,大材小用吗?

b. 他这叫王婆卖瓜,自卖自夸,别信他这套。

c. 让他们说去,我们还是外甥打灯笼,照旧。

(三) 作定语

歇后语在句中作定语,起修饰后面名词的作用,它和名词之间一般要加"的"。如:

a. 他是个抱元宝跳井,舍命不舍财的人。

b. 今天碰了件老鼠钻风箱,两头受气的事情。

在运用歇后语时,有两点需要注意。前面我们介绍过,歇后语的口语性很强,因此,歇后语使用的场合就会有一些限制,歇后语可以用于小说、戏曲、散文等作品,使作品显得风趣、幽默,但不适用于正式文件。如果在正式文件中运用歇后语,整个文件会显得不严肃。此外,关于歇后语中标点符号的运用,目前存在一些混乱现象。这主要表现在同一个歇后语前后两部分中间,有时不用标点符号,有时用逗号或破折号,如"泥菩萨过河自身难保"、"泥菩萨过河,自身难保"、"泥菩萨过河——自身难保"。再有,同一个歇后语有时外面加引号,有时不加引号。我们认为，在实际运用歇后语时，中间最好加上逗号或破折号，如果不是特殊需要，一般不必加引号。

附录（常用歇后语）：

八仙过海——各显神通
巴掌心里长胡须——老手
白布进染缸——洗不清
半天云里打灯笼——高明
抱元宝跳井——舍命不舍财
鼻子里插葱——装象（相）
茶壶里煮饺子——倒（道）不出来
擦粉进棺材——死要面子
打翻了五味瓶——甜酸苦辣咸，样样都有
打破沙锅——璺（问）到底
大海捞针——无处寻
大水冲了龙王庙——一家人不认一家人
电线杆当筷子——大材小用
电线杆上绑鸡毛——好大的掸（胆）子
飞机上挂暖壶——高水瓶（平）
擀面杖吹火——一窍不通
隔年的皇历——瞧不得
隔着窗户纸吹喇叭——鸣（名）声在外
狗撵鸭子——呱呱叫
狗咬老鼠——多管闲事
蛤蟆打哈欠——好大口气
和尚打伞——无发（法）无天
黄鼠狼给鸡拜年——没安好心
鸡蛋里挑骨头——硬找麻烦
鸡毛炒韭菜——乱七八糟
姜太公钓鱼——愿者上钩
饺子破了皮——露馅了
孔夫子搬家——净是书（输）
快刀斩乱麻——一刀两断
懒婆娘的裹脚布——又臭又长
老虎的尾巴——摸不得
老虎拉车——谁赶（敢）
老鼠掉到书箱里——咬文嚼字
老鼠过街——人人喊打
老鼠钻到风箱里——两头受气
老王卖瓜——自卖自夸
聋子的耳朵——摆设
猫哭老鼠——假慈悲
门缝里看人——把人看扁了
木头眼镜——看不透
泥菩萨过河——自身难保
骑驴看唱本——走着瞧
千里送鹅毛——礼轻情意重
墙上挂门帘——没门儿
晴天带雨伞——多此一举
秋蝉落地——哑了
热锅上的蚂蚁——团团转
肉包子打狗——有去无回
十五个吊桶打水——七上八下
水仙花不开——装蒜
太平洋上的警察——管得宽
剃头挑子——一头热
铁公鸡——一毛不拔
秃子头上的虱子——明摆着
兔子尾巴——长不了
外甥打灯笼——照舅（旧）
王八吃秤砣——铁了心
瞎子点灯——白费蜡
小葱拌豆腐——一青（清）二白
小和尚念经——有口无心

哑巴吃饺子——心里有数
哑巴吃黄连——有苦说不出
哑巴见面——没说的
咬破饺子皮——露了馅
丈二和尚——摸不着头脑
芝麻开花——节节高
周瑜打黄盖——一个愿打,一个愿挨
猪八戒照镜子——里外不是人
竹篮打水——一场空

练　　习

一、在歇后语的语面部分下面画"—",并说明这些歇后语的语面部分在内容上有什么特点:

1. 洗脸盆里游泳,不知深浅

2. 高射炮打蚊子,大材小用

3. 飞机上挂暖壶,高水瓶(平)

4. 巴掌心里长胡须,老手

二、在歇后语的语底部分下面画"—",并分别说明这些歇后语的语底是固定结构还是自由结构:

1. 黄鼠狼给鸡拜年,没安好心

2. 鸡毛炒韭菜,乱七八糟

3. 聋子的耳朵,摆设

4. 筷子搭桥,难过

5. 狗咬老鼠,多管闲事

三、完成下列歇后语:

1. 大海捞针,________________

2. 泥菩萨过江,________________

3. 肉包子打狗,________________

4. 兔子尾巴,________________

5. 竹篮打水,________________

6. 猫哭老鼠,________________

四、在歇后语的语底部分下面画"—",在括号中写出语底的实际意义,并说明语底是通过什么方法表达实际意义的:

1. 下雨天出太阳,假晴(　　　　)

2. 飞机上挂暖壶,高水瓶(　　　　)

3. 一、二、三、五、六,没四(　　　　)

4. 茶壶里煮饺子,倒不出来(　　　　)

5. 和尚打伞,无发无天(　　　　)

语底表示实际意义的方法是:

五、用下列歇后语造句:

1. 王婆卖瓜,自卖自夸

2. 茶壶里煮饺子,倒不出来

3. 哑巴吃黄连,有苦说不出

4. 打破沙锅,璺(问)到底

六、思考并回答下列问题:

1. 什么是歇后语?它在结构和意义上有什么特点?请举例说明。
2. 汉语歇后语的语面部分一般有哪几方面的内容?请举例说明。
3. 歇后语的语面和语底之间是什么关系?
4. 什么是比喻歇后语?请举例说明。
5. 什么是谐音歇后语?请举例说明。

第四节　谚语

一、谚语的性质

谚语指多年在民间流传,表达某种深刻含义的简单、通俗的语句。

人们在实际生活中通过仔细观察和切身体会,总结了丰富的社会生活经验,并经常用精练、通俗易懂的词语表达出来,这些词语使用久了,便逐渐形成含义深刻、精练通俗、形式比较固定的语句,成为谚语。如:

金无足赤，人无完人。

饭后百步走，活到九十九。

众人拾柴火焰高。

谚语和成语虽然都是语言中很精练的语句，但它们之间的差异不少，通过比较它们的差异可以更清楚地了解谚语的性质特点。

谚语和成语的区别主要表现在以下几方面：

第一，语体风格不同。

成语大都来源于古代故事、寓言或古书的语句，主要以书面语的形式存在，成语所用词中有不少古汉语词汇，书面语性很强。而谚语多来源于口语，主要以口语的形式存在，谚语用词一般比较通俗，口语性很强。因此，表达同样意思的成语和谚语之间，语体风格有明显区别，如：

成语		谚语
见异思迁	————	这山望着那山高
自作自受	————	搬起石头砸自己的脚
孤掌难鸣	————	一个巴掌拍不响
吹毛求疵	————	鸡蛋里挑骨头
饮水思源	————	喝水不忘挖井人

通过对比可以看出，成语用词多古词或古义，风格文雅，书面语性很强；谚语用词都很通俗，风格平易，口语性强。

第二，结构形式不同。

成语在形式上以四个字为主，结构形式更接近于词，而谚语的字数并不固定，结构形式更接近于句子，例子见上面表示相同意义的成语和谚语。此外，谚语还有一种特殊的形式，即对联式的短句。如：

路遥知马力，日久见人心。

活到老，学到老。

人心齐，泰山移。

这种对联式的短句形式是谚语的基本形式。

第三，定型性强弱不同。

成语的结构和构成成分非常固定，不能随便更改，如“同甘共苦”不能说成“同甜共苦”、“守株待兔”不能说成“守株待狗”等。谚语的结构和构成成分就不那么固定，同样一个意思可能有几种说法。如：

a. 三个臭皮匠，顶个诸葛亮。
三个臭皮匠，赛过诸葛亮。
三个臭皮匠，变成诸葛亮。

b. 远水不解近渴。
远水不救近渴。
远水难解近渴。

上面每组中的谚语都是意思相同而形式上略有不同。这是因为谚语着重总结人们的经验教训，并且多在口头流传，不同地区，不同的人在选用词语上难免会有不同。

二、谚语的内容

谚语是几千年来人民人生经验和人生智慧的总结。谚语涉及的内容非常丰富，几乎无所不包，所以从某种角度来说，汉语中的谚语就像一部人生百科全书。

根据谚语内容的不同，我们把谚语分为两大类：社会生活类和自然现象类。

（一）社会生活类

有很多谚语是教人如何为人处事的。如：

活到老，学到老。
少壮不努力，老大徒悲伤。
一寸光阴一寸金，寸金难买寸光阴。
人不可貌相，海水不可斗量。
路遥知马力，日久见人心。
不吃苦中苦，难得甜上甜。
帮人帮到底，救人救到头。
若要人不知，除非己莫为。

有的谚语是关于家庭婚姻的。如：

家和万事兴。
夫妻一条心，黄土变成金。
嫁鸡随鸡，嫁狗随狗。
不是一家人，不进一家门。
一夜夫妻百日恩，百日夫妻似海深。
情人眼里出西施。

有的谚语是总结生活常识的。如：

饭后百步走，活到九十九。
笑口常开，青春常在。
笑一笑，十年少；愁一愁，白了头。
衣不差寸，鞋不差分。
酒多伤身，气大伤人。
冬吃萝卜夏吃姜，不劳医生开药方。

（二）自然现象类

中国传统社会是以农业为主的社会，所以有不少关于农业生产经验的谚语。如：

多收少收在肥，有收无收在水。

要想吃蔬菜，浇水要勤快。

庄稼一枝花，全靠肥当家。

淹不死的白菜，旱不死的葱。

还有很多谚语是关于气象知识的，这些谚语总结了一些气象变化的规律。如：

蚂蚁搬家蛇过道，大雨不久要来到。

天上朵朵云，下午晒死人。

先下牛毛没大雨，后下牛毛不晴天。

蜻蜓千百绕低空，不过三日雨蒙蒙。

此外，还有一些反映中国某些地方特有的自然环境、风俗习惯的谚语。如：

上有天堂，下有苏杭。

桂林山水甲天下，阳朔山水甲桂林。

早穿皮袄午穿纱，围着火炉吃西瓜（指张家口、呼和浩特等地日夜温差较大）。

南甜北咸，东辣西酸（指广州一带喜甜食，黄河以北习惯咸食，山东喜吃大葱，山西喜吃醋）。

三、谚语的结构

谚语的结构同其他熟语（成语、惯用语、歇后语）有着根本不同的特点。歇后语的结构比较特殊，是由存在着解释说明关系的两个部分组成。就成语和惯用语来说，它们的语法结构的特点接近于词或词组，而谚语的语法结构特点则接近于句子。所以下面我们从句子的角度分析谚语的语法结构。

（一）单句结构

例如：

名师出高徒。

行行出状元。

姜是老的辣。

一口吃不成胖子。

没有不透风的墙。

（二）复句结构

复句结构的谚语由两个句子组成，一般句式整齐，多数押韵。如：

上有天堂（táng），下有苏杭（háng）。

笑口常开（kāi），青春常在（zài）。

人心齐（qí），泰山移（yí）。

歇后语从形式上看，也是由两个句子组成，但构成歇后语的两个句子在形式上没有整齐性，如“墙上挂门帘，没门儿”，前半部分比后半部分长，两个部分内容上也没有对称性。相反，句式整齐却是谚语在结构形式上的一大特点。绝大多数谚语是由句式整齐的两个句子组成。

有的谚语前后两个句子的语法格式完全相同，前一个句子是虚，起比喻的作用，后一个句子是实，表达实在的意义。如：

路遥知马力，日久见人心。

灯不拨不亮，话不说不明。

十朵菊花九朵黄，十个女儿九像娘。

一个篱笆三个桩，一个好汉三个帮。

有的谚语，前后两个句子意思相近或相反，有的甚至意义完全相反。如：

车到山前必有路，船到桥头自然直。

酒逢知己千杯少，话不投机半句多。

富家一席酒，穷人半年粮。

小洞不补，大洞叫苦。

有的谚语前后两个句子由相同的词语组成，但词序是颠倒的。语义上，两个句子互相关联，形成一组具有辨证关系的句子。如：

假的真不了，真的假不了。

成人不自在，自在不成人。

来者不善，善者不来。

难者不会，会者不难。

整齐的句式使谚语具有诗歌的特点，既琅琅上口，也便于记忆，易于传播。

四、谚语的意义

谚语是一般老百姓在日常生活中总结出来的经验，主要在口语中流传，所以谚语的用的词都比较常见，整个谚语的意义一般也比较浅显，容易理解。谚语的整体义一般有以下几种情况：

（一）谚语的整体义是组成谚语的各个词语的意义的相加

例如：

活到老，学到老。

假的真不了，真的假不了。

要想人不知，除非己莫为。

（二）复句结构的谚语，一个句子表示比喻，另一个句子表示实在的意义

例如：

路遥知马力，日久见人心。

灯不拨不亮，话不说不明。

不吃饭则饥，不读书则愚。

（三）整个句子的比喻义才是谚语的整体义

例如：

身正不怕影子斜　比喻只要自己行为端正，就不怕别人说坏话。

磨刀不误砍柴工　比喻准备工作做得好，工作就会顺利。

羊毛出在羊身上　比喻给某方的钱物，原是从某方取来的。

强扭的瓜不甜　比喻用强迫手段办成的事情，结果不会好。

车到山前必有路，船到桥头自然直　比喻事情到了一定的时候，总会有办法解决的。

这山望着那山高　比喻不安心本职工作，总觉得别人的工作好。也指羡慕别人的条件。

心急吃不了热豆腐　比喻操之过急，就办不好事情，达不到目的。

三天打鱼，两天晒网　比喻做事时断时续，没有恒心，不能坚持。

五、谚语的运用

谚语能把抽象的事物和道理形象生动地表达出来。引用谚语可以引起听者和读者的联想，使人产生深刻的印象，易懂易记。因此，谚语被人们广泛运用于语言表达当中。

下面我们介绍一下谚语的一般用法。

（一）独立成句

由于谚语本身都是表达完整意思的句子，所以谚语往往都可以单独成句。如：

a. 人们都说泰山很不错，百闻不如一见，你应该自己亲眼去看看。

b. 心急吃不了热豆腐，做事要慢慢来，不能着急。

c. 强扭的瓜不甜啊！你强迫她跟你结婚，她难道会一心一意跟你过日子吗？

也可以用“常言道”、“俗话说”引出谚语。如：

d. 常言道：“有理不在声高。”你不必大声嚷嚷。

e. 俗话说：“百闻不如一见。”一到泰山才发现它是那么壮观。

（二）作主语

有的谚语在“是”作谓语中心词的句子中，可以作主语。如：

a. 这山望着那山高是不对的。

b. 春天孩子面，一日变三变是人们总结生活得出的经验。

（三）作谓语

谚语直接作谓语，后面往往需要加补充说明。如：

a. 他三天打鱼，两天晒网，学不好汉语。

b. 他这山望着那山高，工作不安心。

（四）作宾语

有的谚语可以作“是”的宾语。如：

a. 他八十岁还学英语，真是活到老，学到老。

b. 他网球打得很棒，但还是被新来的同学打败了，正是强中更有强中手。

有时也可作助动词和一般动词的宾语。如：

c. 学习不能三天打鱼，三天晒网。

d. 我们要尽力做到读万卷书，行万里路。

（五）作定语

有的谚语可以加“的”作定语。如：

a. 你懂饭后百步走，活到九十九的道理吗？

b. 不能有三天打鱼，两天晒网的坏毛病。

附录（常用谚语）：

爱情不是强扭的，幸福不是天赐的。

白酒红人面，黄金黑人心。

百病从口入。

百病只怕乱投医。

百里不同风，千里不同俗。

百闻不如一见，百见不如一干。

伴君如伴虎。

帮理不帮亲。

帮人帮到底，救人救到头。

包子好吃，不在褶（zhě）上。

饱汉不知饿汉饥，富人不知穷人苦。

别人金窝银窝，不如自己草窝。

冰冻三尺,非一日之寒。
病急乱投医。
病来如山倒,病去如抽丝。
病人无忌嘴,大夫跑断腿。
不吃苦中苦,难得甜上甜。
不到黄河不死心,不到乌江不回头。
不懂装懂,永世饭桶。
不管黑猫白猫,能捉老鼠就是好猫。
不见棺材不落泪。
不怕不识货,只怕货比货。
不是一家人,不进一家门。
不是冤家不聚头。
不听老人言,吃亏在眼前。
长江后浪推前浪,一代更比一代强。
车到山前必有路,船到桥头自然直。
成人不自在,自在不成人。
吃人嘴短,拿人理短。
吃一堑,长一智。
尺有所短,寸有所长。
初生牛犊不怕虎。
创业容易守业难。
春天孩儿面,一日脸三变。
春雨贵如油。
此地无银三百两。
大家一条心,黄土变成金。
大将出马,一个顶俩。
大树底下好乘凉。
当家才知盐米贵,出门才晓路难行。
当局者迷,旁观者清。
灯不拨不亮,话不说不明。
冬吃萝卜夏吃姜,不劳医生开药方。
读万卷书,行万里路。
多收少收在肥,有收无收在水。
恶有恶报,善有善报;不是不报,时候未到。
耳听为虚,眼见为实。
饭后百步走,活到九十九。
分久必合,合久必分。
夫妻一条心,黄土变成金。
富家一席酒,穷人半年粮。
隔行如隔山。
各人自扫门前雪,莫管他人瓦上霜。
狗嘴里吐不出象牙来。
寡妇门前是非多。
桂林山水甲天下,阳朔山水甲桂林。
海水不可斗量,人不可貌相。
害人之心不可有,防人之心不可无。
行行出状元。
好吃不如饺子,舒服不如躺着。
好汉不提当年勇。
好马不吃回头草。
话不投机半句多。
活到老,学到老。
家丑不可外扬。
家和万事兴。
家家有本难念的经。
假的真不了,真的假不了。
嫁鸡随鸡,嫁狗随狗。
姜是老的辣,醋是陈的酸。
金无足赤,人无完人。
井水不犯河水。
久病无孝子。
酒多伤身,气大伤人。
酒逢知己千杯少,话不投机半句多。
救人救到底,摆船摆到岸。
来者不善,善者不来。
癞蛤蟆想吃天鹅肉。
浪子回头金不换。
老天不负有心人。
雷声大,雨点小。
礼多人不怪。

量小非君子，无毒不丈夫。
留得青山在，不怕没柴烧。
路遥知马力，日久见人心。
麻雀虽小，五脏俱全。
蚂蚁搬家蛇过道，大雨不久要来到。
没有不透风的墙。
名师出高徒。
磨刀不误砍柴工。
男大当婚，女大当嫁。
南甜北咸，东辣西酸。
难者不会，会者不难。
内行看门道，外行看热闹。
女大十八变。
便宜没好货，好货不便宜。
平时不烧香，临时抱佛脚。
前人栽树，后人乘凉。
强扭的瓜不甜。
清官难断家务事。
蜻蜓千百绕低空，不过三日雨蒙蒙。
情人眼里出西施。
人不可貌相，海水不可斗量。
人逢喜事精神爽，月到中秋分外明。
人挪活，树挪死。
人怕出名猪怕壮。
人心齐，泰山移。
若要人不知，除非己莫为。
三百六十行，行行出状元。
三个臭皮匠，赛过诸葛亮。
三天打鱼，两天晒网。
上有天堂，下有苏杭。
少壮不努力，老大徒悲伤。
身在福中不知福。
身正不怕影子斜。
失败是成功之母。
十朵菊花九朵黄，十个女儿九像娘。
世上无难事，只怕有心人。
是非只为多开口，烦恼皆因强出头。
天上朵朵云，下午晒死人。
无风不起浪。
无事不登三宝殿。
先下牛毛没大雨，后下牛毛不晴天。
笑口常开，青春常在。
笑一笑，十年少；愁一愁，白了头。
心急吃不了热豆腐。
新官上任三把火。
秀才遇到兵，有理说不清。
淹不死的白菜，旱不死的葱。
眼不见，心不烦。
羊毛出在羊身上。
要想吃蔬菜，浇水要勤快。
一寸光阴一寸金，寸金难买寸光阴。
一个巴掌拍不响。
一个篱笆三个桩，一个好汉三个帮。
一口吃不成胖子。
一夜夫妻百日恩，百日夫妻似海深。
衣不差寸，鞋不差分。
有借有还，再借不难。
有理不在言高。
有缘千里来相会，无缘对面不相逢。
与人方便，自己方便。
远亲不如近邻。
在家千日好，出门事事难。
早穿皮袄午穿纱，围着火炉吃西瓜。
这山望着那山高。
真人不露相，露相不真人。
真人面前不说假话。
只要工夫深，铁杵磨成针。
忠言逆耳利于行，良药苦口利于病。
众人拾柴火焰高。
庄稼一枝花，全靠肥当家。

练　　习

一、指出下列熟语哪个是成语，哪个是谚语。请在括号中写出，并说明谚语和成语在语体风格和结构形式上有什么不同。

1. 同甘共苦(　　　　　　)
2. 活到老，学到老(　　　　　　)
3. 耳闻目睹(　　　　　　)
4. 搬起石头砸自己的脚(　　　　　　)
5. 这山望着那山高(　　　　　　)
6. 孤掌难鸣(　　　　　　)

谚语和成语在语体风格和结构形式上的区别：

二、指出下列熟语哪个是谚语，哪个是歇后语。请在括号中写出，并说明谚语跟歇后语在结构上有什么区别。

1. 人心齐，泰山移(　　　　　　)
2. 肉包子打狗，有去无回(　　　　　　)
3. 路遥知马力，日久见人心(　　　　　　)
4. 笑口常开，青春常在(　　　　　　)
5. 猫哭老鼠，假慈悲(　　　　　　)

谚语和歇后语在结构上的区别：

三、下面都是由两个句子组成的谚语，请在各个谚语中表示实际意义的句子下画"—"，在表示比喻的句子下画"＝"：

如：不吃饭则饥，不读书则愚

1. 路遥知马力，日久见人心。
2. 灯不拨不亮，话不说不明。
3. 海水不可斗量，人不可貌相。
4. 金无足赤，人无完人。
5. 良药苦口利于病，忠言逆耳利于行。

四、利用本节的附录或其他工具书，完成下列谚语，说明这些谚语前后两个句子有什么共同点：

1. 假的真不了，________________。

2. 真人不露相，________________。

3. 难者不会，________________。

4. 成人不自在，________________。

5. 分久必合，________________。

这些谚语前后两个句子的共同点：

五、用谚语造句：

1. 心急吃不了热豆腐。

2. 这山望着那山高。

3. 百闻不如一见。

4. 羊毛出在羊身上。

5. 车到山前必有路，船到桥头自然直。

六、参考本节附录或其他工具书，写出三个关于自然现象的谚语。在你的母语中是否有类似的说法？

1.

2.

3.

在你的母语中是否有类似的有关自然现象的谚语？

七、参考本节附录或其他工具书，写出三个你印象深刻的关于社会生活的谚语。在你的母语中是否有类似的说法？

1.

2.

3.

在你的母语中是否有类似的说法？

八、下面的句子使用了熟语，请在熟语下画“—”，并分别说明它们是成语、惯用语、歇后语或谚语中的哪一种：

1. 我认为照这样干下去，公司难保不会破产，到头来，落个竹篮打水——一场空。

2. 俗话说：“强扭的瓜不甜。”你强迫她跟你结婚，她会好好跟你过日子吗？

3. 你不要这山望着那山高了，你现在这份工作不是挺好的吗？

4. 听说他是走后门进这个学校的。

5. 这件事我是哑巴吃饺子——心里有数。

6. 这篇散文写的都是他当时耳闻目睹的事情，因此，生动，新鲜，现实感强。

7. 常听人说他是个很风趣的人，今日一见，果然名不虚传。

九、选择填空（把正确的一项的字母填到括号内）：

1. 惯用语的感情色彩一般是（　　）的。
A. 褒义　　B. 贬义

2. 惯用语的语音形式以（　　）音节为主，语法结构以（　　）结构为主。
A. 双　　B. 三　　C. 四
D. 偏正　　E. 述宾　　F. 主谓

3. 歇后语是由近似谜面和谜底的两部分组成的固定短语，有时只说（　　）半部分，（　　）半部分省略，所以叫歇后语。
A. 前　　B. 后

4. 惯用语的实际意义通常是字面意义的（　　）用法。

A. 比喻　　　B. 借代

5. 成语在形式上以四个字为主，结构形式接近于（　　），而谚语的字数并不固定，结构形式更接近于（　　）。

A. 词　　　B. 句子

6. 在熟语当中，（　　）多用于书面语，（　　）多用于口语。

A. 成语　　　B. 惯用语　　C. 歇后语　　D. 谚语

十、思考并回答下列问题：

1. 什么是谚语？谚语在结构上有什么特点？请举例说明。
2. 根据内容可以把谚语分为哪两类？
3. 谚语与成语有什么区别？请举例说明。
4. 谚语与歇后语有什么区别？请举例说明。

● 戊篇　词汇和文化

第十三章　词汇和文化

本　章　要　点

1. 从汉语词汇的变迁可以看到中国社会发展、变化的痕迹。（见第一节）
2. 中外文化的交流，在词汇中表现为词语的借入和借出。（见第二节）
3. 部分汉语词汇能反映出中外文化的某些差异。（见第三节）

第一节　汉语词汇和中国社会发展

词汇的发展与社会文化的发展有着密切的联系。新词的产生、旧词的消失、词义的变化无不与一个社会的物质生产活动、社会活动、政治活动，以及人们的观念息息相关，从词汇的变迁可以看到社会发展、变化的痕迹。可以说，打开词汇史就可以看到一部斑斓多彩的社会历史图卷。

当我们打开一部较早的古书时，古代的采集、渔猎、农牧等活动都会通过一个一个词语历历展现在我们的面前。

例如在中国古代字典《说文解字》中有关丝和丝织品的词特别多，并且有很细致的分类。

不同的丝有不同的名称：破旧的丝叫“绐（dài）”，生丝叫“绡（xiāo）”，粗丝绵叫“絮”，细棉絮叫“纩（kuàng）”。

不同的丝织品（古代称丝织品为帛）有不同的名称：麦青色的丝织品叫“绢（juān）”，浅黄色的丝织品叫“缃（xiāng）”，白色的丝织品叫“纨（wán）”，没有上色的丝织品叫“素”，细薄有花纹的丝织品叫“绫（líng）”，没有花纹的丝织品叫“缦（màn）”。

特别值得注意的是，汉语中一些表示颜色的词在古代多与丝织品有关，例如：“红”是指丝织品赤白色，“绿”指丝织品青黄色，“紫”指丝织品青赤色，“缁（zī）”指丝织品黑色，“绀（gàn）”指丝织品微有红色的深青色。

这样多的有关丝帛的词的出现，表明中国古代桑蚕业、丝织业的高度发达。

再如，在中国古代畜牧时代，关于“马”的词很多。单是指小马就有好些词，一岁马、二岁马、三岁马都有不同的名称，指不同毛色的马有二十多个词。有的学者曾统计过，古代马的各种专名有51个，牛的各种专名有18个，猪的各种专名有13个，羊的各种专名有11个，狗的各种专名有10个，鸡的各种专名有6个，这六种人类驯养的动物的各种专名就有109个。可见，当时人们主要驯养这六种动物，而其中以马为最多，当时它们在人们的生活中占据了相当重要的地位。可是，畜牧时代一过，就没有必要用不同的词来表示不同年龄、不同毛色的各种马、牛了，于是很多指马、牛的词都从汉语词汇系统中消失了。这些古代的词语反映了古代社会的情况，它们的消失说明了社会生活的变化。

在现代社会，情况依然如此。“文化大革命”期间，是一个以政治上的动乱为特点的时期，一些具有政治象征意义的词非常活跃，构词能力空前突出。如：

“黑”象征反革命，凡是当时成为斗争对象的人或事物，都加上“黑”字，于是构造了一系列词语：“黑帮”、“黑书”、“黑戏”、“黑材料”、“黑五类”等。“红”象征革命，凡是当时受欢迎、受重视的人或事都加上“红”字，同样也构造了一系列词语：“红心”、“红小兵”、“红太阳”、“红卫兵”、“红宝书”、“红色宣传员”等。

这些词汇正是那个时代的特色的体现。

八十年代以后，与对外开放和经济改革相适应，汉语中出现了大量与经济有关的新词语，如：

改革　开放　搞活　责任田　专业户　万元户　三包　第三产业
特区　理财　炒作　生产责任制　扭亏增盈

近年来，科学技术的发展，尤其是计算机和网络技术的突飞猛进，极大改变了人们的生活方式，与之相关的新词语大量出现，如：

上网　网虫(指对上网着迷的人)　联网　因特网　网站　网页
电子邮件(E-mail)　黑客　千年虫　硬盘　显示器　主机
多媒体　微软

现在人们的很多生活内容都与计算机、网络联系在了一起，与数字联系在了一起，有人甚至说，现在人们开始了一种数字化生活。与计算机和网络有关的词语频繁出现在报刊杂志当中、出现在人们的日常生活当中，正有力地说明了这一点。

从上面的分析可以看出，旧词的消失、新词的出现，这些词汇的变化正是社会变化的一面镜子，从中我们可以看到社会文化变迁的痕迹。

第二节　汉语词汇和中外文化交流

文化的交流必然会带来语言的接触。通过语言接触，另一个民族的文化就会在不同程度上留驻在本民族语言的系统中。在中国历史的各个时期，语言的接触是经常发生的。这种中外文化的交流，在词汇中就表现为汉语中出现外来词以及汉语某些词的外借。词语的借入和借出体现了中外文化交流的两个方面。

一、汉语的借词与中外文化交流

中国自古是一个多民族的国家，各民族的交往很早就开始了。各民族之间的接触和交流必然会影响汉语的发展，对汉语词汇的发展的影响尤为显著。从古至今，中外文化也一直处于不断交流的过程中，每一次文化接触，都导致了语言接触，促使汉语的词汇量大增。汉语中的借词可以追溯到两千多年前，从先秦到近代，汉语吸收的外来的借词主要有以下几个来源：

（一）来自匈奴和西域的借词

匈奴是古代活跃在中国北方的一个善战的民族。西汉、东汉时期汉族和匈奴族经济文化的交往非常频繁，匈奴的一些词语也由此传入汉语。其中最典型的是“胡”。

“胡”原是北方匈奴的自称，后来泛指北方和西方的少数民族（后又指外国）。汉语词汇中，有一些在一个名词性语素前加“胡”构成的双音词，与汉族和西北各族的交往有关。如《现代汉语词典》中收的“胡瓜”、“胡椒”、“胡麻”、“胡琴”，另外，还有“胡饼”、“胡床”、“胡鼓”等。在汉语原有的语素前面加上一个“胡”字，表示是一种外来的事物。这些词，有的（比如“胡椒”）已完全融入了汉语的词汇之中，一般人甚至都想不到它们是外来词。

西域，在中国汉代指玉门关以西的新疆和中亚、西亚等地区。西域在当时是一个神秘而多变的地方，人们几乎说不清在这块土地上活跃过多少个民族，建立过多少王国。对这片遥远而广阔的地区，古代汉族人一直有一种神秘奇异的感觉。直到西汉时期，汉武帝派张骞出使西域，这才使汉族和这片土地建立联系。张骞两次出使西域，打开了中国通向中亚以西的通道，建立了沟通中西文化交流的“丝绸之路”。

沿着“丝绸之路”，中国的丝绸、漆器等外销到西域各国。同时，西域各国的许多特产也源源不断来到中国。例如：

来自西域的珍宝——琥珀、祖母绿、玛瑙、琉璃

来自西域的农作物——胡萝卜、胡椒、胡桃、胡葱、葡萄、石榴

来自西域的动物——狮子、麒麟、骆驼

来自西域的乐器——琵琶、唢呐、箜篌

西域各国在同汉朝的文化交流中，给汉民族的文化注入了新鲜血液，也给汉语送来了很多新词语。以上列举的汉语中来自古代西域各国的借词，可以说

就是古代中西文化交流的产物。

（二）来自佛教的借词

佛教起源于古印度。从汉代起，佛教开始传入中国。两千多年来，佛教对中国文化产生了深远的影响。从东汉以来，汉语从佛经中吸收了大量借词，丰富了汉语词汇，甚至部分借词已成为汉民族生活中的一般常用词语了。例如：

佛　魔　僧　菩萨　罗汉　观音　和尚　尼姑
世界　现世　尘世　红尘　烦恼　解脱　超脱
慈悲　无常　圆满　结果　堕落　功德　轮回

除一般词语以外，汉语里还有很多来自佛教的熟语。例如：

大慈大悲　因果报应　借花献佛　昙花一现　心领神会
一尘不染　菩萨心肠　芸芸众生　本来面目　生老病死
无事不登三宝殿（“三宝”指佛、法、僧，三宝殿泛指佛殿。这个熟语比喻没事不上门相求）。
不看僧面看佛面（指不看和尚的情面也要看佛的情面。后比喻不顾某个人的情面，也要照顾他的主人或长辈、亲友的情面）。
平时不烧香，急来抱佛脚（指平时不行善，到有急难时才向佛求救。比喻平时不努力准备，事到临头才急忙应付）。

（三）来自蒙古族和满族等少数民族的借词

南宋以后，中国北方的蒙古族、满族相继进入中原，蒙古族贵族统治中国近一百年（即元朝），满族贵族统治中国二百七十多年（即清朝），蒙语、满语词汇也被借入汉语。从数量上看，这两类词并不算多，但在一个时期内对汉语词汇也产生了影响，有一些借词目前还一直使用。最典型的例子如：

“站”是蒙语的音译词。原来是指道路，后泛指驿站，即古代供传递政府文书的人中途更换马匹或休息、住宿的地方。现在一般指为乘客上下或为装卸货物而设的停车的地方，如“火车站、汽车站”等。

“胡同”是蒙语的音译词。原指水井，后指较窄的街巷。这个名称通行于北京和北方其他一些地方。

满语借词如“阿哥”（父母称儿子）、“贝勒”（亲王）、“额娘”（母亲）、“格格”（皇族女儿的称号）等，我们今天还可以在电影、电视剧里听到。

（四）近代来自印欧语和日语的借词

十六世纪开始，一批西方传教士来到中国进行基督教的传教工作，并向中国人传播西方文化和近代自然科学知识，中国的一些知识分子也开始翻译、撰写近代自然科学的著作。一些有关自然科学的意译词开始在汉语中出现。如：

地球　重心　地平线　几何　比例

螺丝　风扇　自行车　自鸣钟

十九世纪末鸦片战争以后，西方文化开始渗入到中国人生活的各个方面，外来词大量进入汉语。借词的范围包括政治、经济、科学、文化，以及日常用品、食品等。如：

德谟克拉西（民主）　赛因斯（科学）　摩登　沙龙　基因

苏打　阿司匹林　马拉松　巧克力　雪茄

此外，十九世纪末二十世纪初，出现了大批中国青年涌向日本留学的热潮，这样，一些日语的汉字词也开始大量进入汉语，如"哲学"、"服务"、"积极"、"抽象"、"具体"、"合同"、"观念"、"否定"、"服务"等。

关于近代外来词的详细情况请参考本书第二章《词汇的构成》。这里我们要说的是，只要存在国家、民族间的交流，外来词就会不断出现。当今，中国与国际的交流愈加频繁，汉语借用、吸收外来词的现象比以往任何一个时代都更加突出，汉语词汇也随之迅速扩大。

二、汉语词语的外借与中外文化交流

随着中外文化交流的开展，汉民族在吸收外来文化的同时，汉文化也逐渐在世界各地传播。这时候，汉语词汇也随之流传到国外。

自从中国古代开通了与西方的"丝绸之路"，中国很多有特色的东西以及记录这些东西的词汇也顺着"丝绸之路"传到了西方。例如，中国语言学家罗常培在《语言与文化》一书中就考证出英语中的 silk、china、tea 就是古汉语"丝"、"瓷"、"茶"的音译词。

汉语外借词汇中具有代表性的是"茶"这个词。随着"茶"进入世界别的国家，"茶"这个词也进入了别的语言。茶流传到国外有两条渠道，一条是陆路，一条是海上。通过陆路，借去了十三世纪中国北方话的"茶"，因此在朝鲜语、蒙语、俄语等语言中，"茶"这个词的发音与北方方言的"茶"相对应。而通过海路，则是明代和清代的时候，从福建厦门一带传到海外，现代英语 tea 的发音与闽南话"茶"的发音相近。这个时候，各个品种的茶名也随之传到外国，如英语中的 bohea（武夷茶）、pekoe（香红茶）、congou（工夫茶）、hyson（熙春茶）、souchong（小毛尖）等等，其中 bohea、congou 显然是都是从闽南话翻译过去的。

中国古代的四大发明之一的火药，也曾影响了世界历史的发展。约在公元八九世纪，与火药密切相关的中国制硝技术传到伊朗，伊朗人因而称硝为"中国盐"。十三世纪前期，硝及其提纯技术经伊朗进入阿拉伯世界，并被称为"中国雪”。

近代,中国与欧美国家的交往日渐增多,一些有中国文化特色的词语也按音译的方法进入西方语言。如英语中 mahjong 表示“麻将”,taichi boxing 表示“太极拳”(其中 taichi 是音译),qigong 就是“气功”等等。

所有这些借出的汉语词汇都反映了汉文化传播到国外的情况。

文化的交流和语言的接触从来都是双向的,互通有无、取长补短不仅在物质方面是必需的和必然的,而且在语言和文化方面的交换也同样是有必要的。汉语词汇的借出和借入正是华夏民族和其他民族以及中外文化交流的必然结果。

第三节　汉语词汇和中外文化差异

一、特有词语显示的文化差异

每个民族都有自己的称谓系统,称谓语从一个侧面反映着各民族的传统文化。前苏联一译者在翻译中国当代著名小说《青春之歌》时闹过一个笑话。小说中佃户魏三伯对余永泽述说自己一家三代的悲惨遭遇时讲:“……老伴儿饿死了,你五福兄弟饿得跑走当兵去了!家里只剩下我跟狗儿娘、小狗儿……还有五福的妹子玉米……”中国人看后分得清这一家三代人的组成情况:第一代是魏三伯本人和他的老伴儿,第二代是魏三伯的儿子五福、五福妻子(即狗儿娘)和五福的妹妹玉米(即魏三伯女儿),第三代是小狗儿(即魏三伯的孙子)。前苏联译者把这段话翻译成了这样的意思:“老伴儿饿死了,五福饿得跑走当兵去了,家里只剩下我跟那条母狗、几个狗崽……还有小孙女玉米……”中国农村有按辈分称呼的习惯,这位译者因为不了解这一点,以至闹出了指人为狗、指女为孙的笑话。

中国有着几千年封建社会的历史,封建的宗法、家庭、伦理等观念具体反映在汉民族的家庭、亲戚的称谓关系上。因此,汉语词汇系统中有着丰富的称谓词语。

中国亲属圈以内的人的称谓有两套系统,一套是父系,一套是母系。例如:

父系　祖父(爷爷)——父亲的父亲
祖母(奶奶)——父亲的母亲
伯父——父亲的哥哥
伯母——伯父的妻子
叔父——父亲的弟弟
婶母(婶子)——叔父的妻子
姑母(姑姑、姑妈)——父亲的姐妹

姑父——姑母的丈夫

母系　外祖父(外公)——母亲的父亲

外祖母(外婆)——母亲的母亲

舅父(舅舅)——母亲的兄弟

舅母(舅妈)——舅父的妻子

姨母(姨妈)——母亲的姐妹

姨夫——姨母的丈夫

中国人非常重视亲属关系和辈分尊卑,这种观念与西方文化不同。现代英语的称谓词语远没有汉语多。最为典型是汉语中的“伯父”、“叔父”、“姑父”、“舅父”、“姨夫”,父系、母系界限分明,每个概念都有一个称谓表示,而在英语中,以上五个概念用一个词“uncle”表示,汉语的“伯母”、“姑妈”、“舅妈”、“姨妈”在英语中也用一个词“aunt”表示。由此可见,汉民族亲属称谓中父系和母系的界限是非常清楚的,而西方国家对此却非常笼统。

再如,汉语的“公公”(即丈夫的父亲)和“岳父”(即妻子的父亲)是泾渭分明的,不能混淆,但英语中却用一个词“father in law”表示。汉语的“哥哥”和“弟弟”、“姐姐”和“妹妹”四个词既区分了性别,又区分了长幼。而英语只有两个词“brother”和“sister”,只区分男女性别,不区分长幼。汉语称谓词语分工的细致,说明中国人对亲属关系中亲疏长幼的重视。

除了亲属称谓以外,还有一些非亲属称谓也非常有中国特色。例如,在1949年新中国建立以后的几十年里,曾经历了大一统“同志”的称呼的时代,“同志”几乎用于不同年龄、地位、职务的所有人,带有很强的政治色彩。到了八十年代,人们希望淡化政治色彩,强化感情色彩,各种称呼又开始出现了,如“先生”、“小姐”等。

再如,在中国的礼俗性称谓中,有明显的尊老的倾向。如对年长的人称呼“老大爷”、“老爷爷”、“老奶奶”、“大爷”、“大伯”、“大叔”、“大妈”、“大娘”、“大姐”等。又如称呼年长的人,往往在他的姓氏前加上“老”,如“老张”、“老李”、“老何”等。至于在姓氏后加“老”,如“张老”、“李老”、“马老”等,则完全是对老一辈带有敬意的尊称。这一方面反映了中国社会敬老的风尚,一方面也可以看出封建社会重视等级次序的观念在称谓词语上的影响。而西方社会的称谓词语中并不像中国这样有明显的尊老倾向。

汉语词汇系统中还有一些特有词语,也反映了中国特有的文化。如:

饺子、馄饨、包子、油条、馒头、豆腐、元宵、粽子、烤鸭、筷子——反映了中国特有的饮食文化。

旗袍、中山装——反映了中国特有的服饰文化。

京剧、相声、黄梅戏、太极拳、气功、麻将——反映了中国特有的文艺、体育活动。

二、汉语词义显示的文化差异

不同语言中表示相同事物的词，在各自语言中的词义可能会有不同的变化，人们对这个词会产生不同的联想。例如，同样是红色，在汉语中有喜庆、欢乐、革命的联想义，而英语中 red 则有战争、流血、恐怖的联想义。正是由于使用不同语言的人有着不同的文化背景，所以表示同一事物的词的意义才可能会有不同的变化。从这些表示相同事物的词的不同词义变化出发，我们可以看到语言背后文化的差异。下面我们举一些具体的例子来看中外文化的差异在词义上的体现。

语言中的颜色词常常蕴涵着丰富的联想义，不同语言的颜色词的联想义往往会呈现出不同的情况。例如：

汉语的"黑"与英语的 black。"黑"在汉语中除了可以表示颜色以外，还可以"象征反动"，如"黑帮"、"黑手"、"黑幕"、"黑后台"、"黑心肠"，但这些词翻译成英语时都跟 black 无关——"黑帮"不是 black gang，而是 reactionary gang；"黑后台"不是 black backstage boss，而是 sinister backstage boss。因为英语的 black 并没有表示秘密或象征反动的意思。从英语的角度来说，black 除了可以表示颜色以外，还可以表示"深色"、"暗淡"、"阴郁"、"怒气冲冲"、"不吉利"、"邪恶"等意思，如 black tea（红茶）、a black look（怒视）、the black art（妖术）、a black mark（污点）等。这些词翻译成汉语时，black 都不能翻译成"黑"。

汉语的"红"和英语的"red"。"红"在汉语中除了表示颜色外，还可以象征顺利、吉祥、成功或受人重视，如"开门红"、"红运"、"红人"、"红火"，这些词翻译成英语分别是 get off to a good start、good luck、a rising star、flourishing，都不能用 red 翻译，因为 red 没有这些引申义。此外"红"还可以象征革命和进步，如"红军"、"红心"、"又红又专"，翻译成英语时有的虽然可以与 red 对应，但 red 这个词在这个义项上是贬义，而汉语"红"在这个义项上却是褒义的。

汉语的"白"和英语的 white。汉语的"白"除了表示颜色以外，还可以引申为空白、没有效果、无代价的意思，这些意义翻译成英语都跟 white 无关——"白卷"是 unanswered examination paper、"白干"是 in vain 或 fruitless、"白给"是 free of charge。而英语的 white 的引申义可以表示吉利、善意、坦诚等意思，有些词组翻译成汉语时也不能与"白"对应——white day 不是"白天"而是"吉日"；a white lie 不是"白色的谎言"而是"善意的谎言"。

不同语言表示动物的词的联想意义也不同。例如：

西方人对 cat（猫）没有好感，cat 由一种动物的意义转指"心地狠毒的女人"。由于社会心理的缘故，西方人厌恶猫，出门遇到黑猫认为是不祥之兆；以猫打比喻，也含有贬斥的感情色彩，如 cat like 是"像猫一样的偷偷摸摸"。而汉语中

"猫"就没有类似的意义,没有类似的用法。

在中国文化中,"龙"这种古代传说中的神异动物代表皇帝,可以象征高贵,如"龙袍"、"龙颜"、"龙床"、"龙椅",也可以象征吉祥,如"龙凤呈祥"。但在英语中,dragon 则是一种凶恶的妖怪,转指凶暴的人、严厉的人、凶恶严格的监护人。说"His wife is a dragon"不是指"他妻子是一条龙",而是指"他妻子是一个悍妇"。

"狗"在传统中国人眼中并不是受人宠爱的动物,所以汉语中有很多由"狗"构成的词语都是贬义词,如:"狗腿子"指给有势力的人干活的人,是骂人的话;"狗胆包天"骂人胆大妄为;"狗咬狗"比喻坏人之间互相争斗;"狗嘴里吐不出象牙"比喻坏人嘴里说不出好话来。而在英国人、美国人眼中,dog 却是一个忠诚善良的、跟人有深厚交情的好伙伴,所以常说"Love me,love my dog"(爱我而爱及我的狗,相当于汉语的"爱屋及乌"),常常以狗代人,如把"幸运儿"说成"lucky dog"。

"喜鹊"在中国一直被当做幸福的象征,而斯拉夫民族却把它同"小偷"联系在一起,英语 magpie 则比喻"爱说话的人,唧唧喳喳的人"。

从以上例子可以看出,不同语言虽然有很多表示相同事物的词,但词的引申义、比喻义、联想义、感情色彩却有不同。这些不同往往和不同民族的不同文化特征密切相关,一个民族独特的文化传统会使词引申出独特的意义。要想真正了解并掌握汉语的词义,必须深入结合汉民族的文化背景来学习。

练　习

一、构成"父母"、"兄妹"、"夫妻"、"男女"、"公婆"等双音节词的语素在结构顺序上有什么特点?这反映中国人的什么传统观念?

二、构成"官兵"、"将士"、"师徒"、"师生"、"长幼"、"老少"等双音节词的语素在结构顺序上有什么特点?这反映了中国人的什么传统观念?

三、英语 lover 表示“情人”、“恋人”，汉语的“爱人”是否可以用英语的 lover 来翻译？为什么？

四、汉语有很多有象征意义的词语，例如“红”象征吉祥、顺利，“龙”象征权威。说明下列词语有什么象征意义，并按要求进行归类：

松、竹、梅、兰、鹤、龟、桃、鸳鸯、比翼鸟、红豆、鱼、牡丹、菊、马、狮、虎、龙、凤、豹

1. 象征吉祥、幸福的词：

2. 象征长寿的词：

3. 象征高尚品格的词：

4. 象征爱情的词：

5. 象征勇猛、力量的词：

五、“红”、“黄”、“黑”、“白”等颜色词在汉语中除了表示颜色以外，还可以表示什么意思？在你的母语中颜色词除了表示颜色以外是不是也可以表示其他意思？请举例说明。

六、“甜”在汉语中除了可以说“这苹果很甜”以外，还可以说“生活甜美”、“做广告尝到了甜头”、“这人嘴甜”、“长得甜”、“心里甜丝丝的”。请总结一下这些句子中“甜”的意思。在你的母语中表示“甜”的味道的词有没有这些用法？

七、中国的饮食文化，可以说是世界闻名。中国人对做菜非常讲究，既讲究配料得当、加工精细，又讲究火候适当。汉语中表示烹调方法的词有好几十个，如“煮”、“炸”、“涮”等。请你写出五个表示烹调方法的词，利用词典说明它们所表示的烹调方法有什么不同：

1.

2.

3.

4.

5.

八、英语的 silk 和汉语的“丝”发音相近，tea 和中国福建厦门一带“茶”的发音相近，这说明了什么？

九、思考并回答下列问题：

1. 为什么说从词汇的变迁可以看到社会发展、变化的痕迹？请举例说明。
2. 哪些词语体现了中外文化交流的情况？请举例说明。
3. 汉语的亲属称谓与你们国家有什么不同？
4. 不同语言表示相同事物的词的联想义是否相同？请举例说明。
5. 你认为词汇和文化有什么关系？

附录一

术 语 索 引

（说明：术语后括号中的数字表示这个术语所在的章。）

附录二

参 考 文 献

1. 符淮青，1985年，《现代汉语词汇》，
北京：北京大学出版社。
2. 符淮青，1996年，《词汇的分析和描写》，
北京：语文出版社。
3. 武占坤、王勤，1983年，《现代汉语词汇概要》，
呼和浩特：内蒙古人民出版社。
4. 王宁主编，1996年，《汉字汉语基础》，
北京：科学出版社。
5. 王宁、邹晓丽主编，万艺玲、郑振峰、赵学清著，1999年，《词汇应用通则》，
沈阳：春风文艺出版社。
6. 符淮青，1986年，《词的释义》，
北京：北京出版社。
7. 刘叔新，1995年，《汉语描写词汇学》，
北京：商务印书馆。
8. 李行健、刘叔新，1979年，《词语的知识和运用》，
天津：天津人民出版社。
9. 任学良，1981年，《汉语造词法》，
北京：中国社会科学出版社。
10. 钱乃荣主编，1995年，《汉语语言学》，
北京：北京语言学院出版社。
11. 杨振兰，1996年，《现代汉语词彩学》，
济南：山东大学出版社。
12. 宁锦衷，1983年，《现代汉语词汇基础知识》，
长沙：湖南教育出版社。
13. 佟慧君，1983年，《常用同素反序词辨析》，
长沙：湖南人民出版社。
14. 刑福义主编，1991年，《文化语言学》，
武汉：湖北教育出版社。
15. 史有为，1991年，《异文化的使者——外来词》，
长春：吉林教育出版社。
16. 张联荣，1997年，《汉语词汇的流变》，
郑州：大象出版社。
17. 常敬宇，1995年，《汉语词汇与文化》，

北京:北京大学出版社。
18. 孙维张,1989年,《汉语熟语学》,
长春:吉林教育出版社。
19. 马国凡,1978年,《成语》,
呼和浩特:内蒙古人民出版社。
20. 温端政,1985年,《歇后语》,
北京:商务印书馆。
21. 马国凡、高歌东,1982年,《惯用语》,
呼和浩特:内蒙古人民出版社。
22. 马国凡、高歌东,1979年,《歇后语》,
呼和浩特:内蒙古人民出版社。
23. 武占坤、马国凡,1979,《谚语》,
呼和浩特:内蒙古人民出版社。
24. 崔希亮,1997年,《汉语熟语与中国人文世界》,
北京:北京语言大学出版社。
25. 崔永华主编,1997年,《词汇文字研究与对外汉语教学》,
北京:北京语言大学出版社。
26. 中国社会科学院语言研究所词典编辑室编,1999年,《现代汉语词典》(修订本)
北京:商务印书馆。

附录三

常用工具书

1. 中国社会科学院语言研究所词典编辑室,《现代汉语词典》,
北京:商务印书馆。
2.《新华字典》,北京:商务印书馆。
3. 辞海编辑委员会,《辞海》,上海:上海辞书出版社。
4. 广东、广西、湖南、河南辞源修订组,商务印书馆编辑部,《辞源》,
北京:商务印书馆。
5. 傅兴岭、陈章焕,《常用构词字典》,北京:中国人民大学出版社。
6. 梅家驹、竺一鸣、高蕴琦、殷鸿翔,《同义词词林》,上海:上海辞书出版社。
7. 张清源等,《同义词词典》,成都:四川人民出版社。
8. 韩敬体、宋惠德,《反义词词典》,成都:四川人民出版社。